A Book On Netflix Original Series

ネットフリックス
大解剖
Beyond Netflix

ネット配信ドラマ研究所 編

Netflix視聴方法

登録ステップ

1 netflix.comでアカウントを作成します
2 毎月の視聴プランを選んでください
3 お支払い情報を入力してください（クレジットカードやプリペイドカード等）
4 ご自身に合わせたプロフィールを作成してください
5 お気に入りの映画やドラマを今すぐ視聴しましょう

料金

同時視聴する画面の数、および画質に応じた3つのプランから選択します。
ひとつのNetflixアカウントで、5名分のメンバープロフィールの作成が可能なため、アカウントを共有している家族全員がそれぞれ自分にカスタマイズされた形で視聴できます。

ベーシックプラン
画質：標準画質（SD）
月額¥800（税別）
同時に視聴可能な画面数：1

スタンダードプラン
画質：高画質（HD）
月額¥1,200（税別）
同時に視聴可能な画面数：2

プレミアムプラン
画質：超高画質（UHD）
月額¥1,800（税別）
同時に視聴可能な画面数：4

接続可能デバイス

Netflixアプリ、またはwww.netflix.comを使えば、さまざまなデバイスからインターネットを通じてNetflixにアクセス可能です。

・スマートテレビ
・タブレット
・ノートパソコン
・デスクトップパソコン
・スマートフォン

・プレイステーション3、4
・Wii U
・Xbox 360
・Xbox ONE
・Apple TV
・Amazon Fire TVシリーズ
・Googleクロームキャスト
・ブルーレイプレーヤー
・ホームシアターシステム

2018年11月時点

SKIP INTRO

10:26

Netflix　世界最大級のオンラインストリーミングサービス

誰でも、どこでも、
気軽に楽しめるエンターテインメントの宝庫

Netflixでは、映画、ドラマ、ドキュメンタリー、懐かしの名作、ハリウッド最新作、テレビ番組、スタンダップコメディ、子ども向け番組など、素晴らしいコンテンツにすぐにアクセス可能。邦洋問わず幅広いジャンルの作品をカバーしているので、あなたも必ずやお好みの作品に出合えるはず。Netflixだけでしか観られないオリジナル作品、世界中の著名スタジオからライセンスを得て配信する話題作の数々を、好きなときに、好きな場所から、好きなだけ視聴できます。

Netflixとは？

1 テレビでもモバイルでも、好きなときに最適なデバイスで

アワード受賞作品を含むオリジナルコンテンツ、ドキュメンタリー、長編映画など、毎日1.25億時間を超える映画やドラマを配信するNetflix。作品をダウンロードしておけば、インターネットを通じてTVやPC、モバイル、タブレットなどデバイスを変えながら、あらゆる場所で好きなタイミングで視聴することができます。

2 家族みんなで楽しめる

ひとつのアカウントで最大5名までプロフィールを作ることができ、家族の一人ひとりが各自の好みに合わせて映画やドラマなどを楽しむことができます。たとえば、映画好きのお父さんはNetflixのオリジナル作品や懐かしの名作を鑑賞、お母さんとお姉ちゃんは人気の海外ドラマやリアリティショーで一緒に盛り上がり、弟は大好きなアニメに熱中、など楽しみ方は無限大。ペアレンタルコントロールの設定も可能なので、お子様にも安心してご覧いただけます。

3 イッキ見がとまらない

続きが気になる! ──ドラマファンを苦しませる嬉しい悩み。次回の放送日が待ちきれず、眠れない夜を過ごした経験のある方も少なくないはず。その点、Netflixでは1シーズンの全エピソードを一挙まとめて配信する場合も多いので、配信開始と同時に最終話まで思う存分イッキ見（ビンジウォッチ）することができます。ただし、今度はドラマの観すぎによる寝不足にご用心。

4 快適な視聴体験のために日々進化中

Netflixは、観たい作品のローディング待ちという状況が起こらないよう日々改善に努めています。どういったコンテンツをユーザーが観る傾向にあるかを学習し、実際にユーザーが観るものを選んでいるときに、次に何を再生するかを予測。再生を押す前にストリーミングの準備をするようにしています。

5 世界が絶賛するハイクオリティのオリジナルコンテンツ

アカデミー賞受賞の『ハウス・オブ・カード 野望の階段』や『オレンジ・イズ・ニュー・ブラック』に続き、『ストレンジャー・シングス 未知の世界』『ナルコス』といったヒット作を世に送り出したNetflix。2018年度は80億ドル（約9,000億円）の予算をコンテンツに投資し、世界各国で特にオリジナル作品の製作に注力しています。

CONTENTS

THIS **BOOK** SPOILS THE ENDING

SA	SPOILER ALERT
	But You Can Enjoy the Story More

注：本書では物語の結末に触れています。

Narcos

ナルコス

暴力的で知られるコロンビアの
悪名高きドラッグ・カルテル。
実在するその元締めの複雑で壮
絶な人生を描くギャングスター・
ドラマの決定版シリーズ。

出演:ワグネル・モウラ、ペドロ・パスカル、ボイド・ホルブルック
原作・制作:クリス・ブランカトー、カルロ・バーナード、ダグ・ミロ
配信:2015年~

Netflixオリジナルシリーズ
『ナルコス』
シーズン1~3独占配信中

麻薬戦争という名の
〝ネバー・エンディング・ストーリー〟——ナルコス

村山章

ネットフリックスが日本での配信サービスをスタートさせたのは2015年の9月。そしてネットフリックスが日本上陸における〝目玉商品〟として押し出したのが『ナルコス』だった。『ナルコス』にとっての不幸があったとすれば、斬り込み隊長の役割はみごとに果たしたものの、まだネットフリックス自体が今ほど認知されていなかったせいで、日本では作品の価値に見合うだけの知名度を獲得できていないことだろう。

かくいう筆者がネットフリックスに加入したきっかけはこの『ナルコス』を観るためであり、なぜわれ先に飛びついたのかといえば、ブラジルの映画監督ジョゼ・パジーリャがエグゼクティブ・プロデューサーを務めていたから（シーズン1の1話と2話の監督も担当）。日本で劇場公開された監督作はドキュメンタリーの『バス174』（2002年）とリメイク版の『ロボコップ』（2014年）の2本しかないが、パジーリャは、ネットフリックスが看板作品を任せるに足るべらぼうな実績と才能の持ち主だったのだ。

善と悪の境目に分け入る男、ジョゼ・パジーリャ

『ナルコス』は、コロンビアが生んだ史上最悪の麻薬王、パブロ・エスコバル（ヴァグネル・モウラ）の伝記ドラマだ。少なくともシーズン1とシーズン2においては、主人公はパブロ・エスコバルだと言って間違いない（シーズン3以降については後述する）。

実際には、エスコバル逮捕に執念を燃やすアメリカ麻薬取締局の捜査官スティーブ・マーフィー（ボイド・ホルブルック）とハビエル・ペーニャ（ペドロ・パスカル）、民衆の期待の星となる政治家ガラン（ファン・パブロ・エスピノザ）、暴力と汚職がはびこるコロンビアの舵取りを担うことになるセサル・ガビリア大統領（ラウル・メンデス）ら、多くの登場人物が織り成す群像ドラマになっている。しかし常に物語の中心に居座り、人々や社会に影響を与え、唯一無二の存在感を放っているのはエスコバルその人なのである。

パブロ・エスコバルはコロンビア第二の都市メデジンで生まれ育ち、1980年代から90年代の初頭にかけて「メデジン・カルテル」と呼ばれる麻薬組織の首領として巨万の富を築いた。一時は世界のコカイン市場の8割を支配するほどの勢力を誇り、麻薬王でありながら経済紙フォーブスの億万長者ランキングで7位に選ばれたこともある。

エスコバルが指示した残虐な暗殺事件やテロ事件は数知れない。しかしその一方で地元では慈善家として知られ、プロのサッカーチームを所有し、一時はコロンビアの国会議員にす

ら選出された。社会の腐敗と庶民の味方。本来なら相反するはずのふたつの要素を同時に象徴するのがエスコバルだった。もはや「人物」というより「現象」と呼んでもいいだろう。

そしてジョゼ・パジーリャは、正義と悪徳の曖昧な境界を探求する映画作家であり、まさにエスコバルという「現象」とベストマッチの人材だったのである。

J・パジーリャが描き続ける暴力と社会の共依存関係

ジョゼ・パジーリャは1967年にブラジルのリオデジャネイロで生まれた。地元の大学で経営学の学位を取り、イギリスの名門オックスフォードに留学。政治経済学と国際政治学を学んだというから、かなりのエリートだったのだろう。やがて興味は映画へと向かい、2002年のドキュメンタリー映画『バス174』で監督デビューを果たしている。

『バス174』は2000年にリオデジャネイロで起きたバスジャック事件を取材しているのだが、すでに『ナルコス』にもつながるテーマ性やモチーフが明らかに見て取れる。

パジーリャは事件を起こした若者の生い立ちにまでさかのぼり、スラム育ちの少年がいかにして犯罪に手を染めるようになったのかを、ブラジル社会の問題として検証しようとする。

そして警察によるストリートキッズ虐殺という黒歴史を掘り出して、正義と悪の狭間に横たわる「暴力の連鎖」を突きつけるのだ。

『バス174』は世界に絶賛と驚きをもって迎えられただけでなく、パジーリャの次なる扉を開くことになる。パジーリャは『バス174』を作る過程で出会った警察の特殊部隊、通称BOPE（発音はボッピ）の元隊員から聞いた話を基にして、劇映画デビュー作『エリート・スクワッド』（2007年）を発表。腐敗がはびこるブラジル警察のなかでは珍しく、BOPEは犯罪に敢然と立ち向かうのだが、汚職や犯罪組織に対抗するために拷問や殺人などの違法行為も辞さない暴力集団と化した姿を白日のもとにさらけ出した。

『エリート・スクワッド』はブラジルのみならず南米中で大ヒットし、ベルリン国際映画祭では金熊賞に輝いた。そして2010年には続編『エリート・スクワッド　ブラジル特殊部隊BOPE』を完成させ、今度は政界、警察、裏社会が一体となった犯罪ビジネスのシステムに斬り込んで、なんと『アバター』（2009年）を超えて南米史上最大のヒット記録を叩き出した。

『エリート・スクワッド』2部作はどちらもパワフルな作品だが、のど越しの良さもキャッチーな魅力も持ち合わせていない、ハードな実録風社会派映画だ。それが前代未聞のヒットとなったのは、南米諸国においていかに権力の腐敗が身近なものだったのかという証明だろう。

ブラジル社会における犯罪の問題を扱った先達に『シティ・オブ・ゴッド』（2002年）

という傑作があるが、同作がスラムにはびこるギャングの年代記であったのに対して、パジーリャは政治や経済、司法や警察組織をも含むさらに大きな全体像と、そのなかで生きる（そして同じくらいの確率で死ぬ）個人たちの姿を対比させてみせた。

『ナルコス』はS1の第2話からが面白い！

パジーリャがハリウッドに招かれて撮ったリメイク版『ロボコップ』は、決して成功作とは言い難いものの、メディアに踊らされて右傾化するアメリカへの批判を堂々と展開するあたりがいかにもパジーリャらしい。

そして、そんなパジーリャだからこそ、誰もが畏れる極悪人でありながら、ヒーロー的なカリスマも併せ持っているというパブロ・エスコバルの生涯が内包する複雑さに正面から挑んでくれるに違いなく、『ナルコス』の舵取りを任されたと聞いたときには思わず膝を打ったものだ。

しかもエスコバルを演じる俳優は、『エリート・スクワッド』2部作に主演し、犯罪を憎む正義心の暴走をみごとに演じてみせたヴァグネル・モウラだという。パジーリャとモウラの黄金タッグと知れば、期待を膨らませずにいられましょうか！

と、そんな想いを抱いて『ナルコス』鑑賞に臨んだわけだが、正直『ナルコス』シーズン1の第1話は、ドラマシリーズが陥りがちな落とし穴にはまってしまっていたように思う。というのも、必然的に長大かつ入り組んだ物語になってしまうがために、シーズン1の第1話がいささか煩雑な人物紹介編になってしまった感があるのだ。

もっと平たく言うなら、面白そうなのになかなか面白くならないのだ。いろんなことが起こるわりに話が転がらず、今後への期待感もいまいち盛り上がらない。しかもシーズン1の1話と2話を監督したのはジョゼ・パジーリャなので、ほかの誰かに責任を押しつけるわけにもいかない。筆者の周りでも、楽しみにしていたが1話から先に進んでいない、という声を少なからず聞いた。何が言いたいかというと、「どうか『ナルコス』をシーズン1の第1話だけで判断しないでください！　1話はまだ、怒涛の波乱万丈伝の導入部でしかありませんから！」である。

カリスマ麻薬王の破天荒すぎる悪行三昧

『ナルコス』のシーズン1は、前述したようにパブロ・エスコバルの成り上がり一代記であり、痛快なピカレスクロマンでもある。盗品を売りさばいていた無名の男が、コカイン売買の可能性に目をつけたら、時流の後押しもあってあれよあれよと世界有数の麻薬王にのし上がっていく。

麻薬というモチーフを扱っているというだけでなく、このドラマにヤバい中毒性を感じるのは、エスコバルという男の人生が波乱万丈伝として面白すぎることに尽きる。フォーブス誌の億万長者ランキングに名を連ねたことは先にも書いたが、エスコバルがやってのけた悪行のスケールは〝麻薬王〟という言葉だけでは収まりきらない。麻薬カルテル同士の抗争だけでなく、警察や政府、そして大統領にも宣戦を布告し、邪魔者を殺害するために旅客機を爆破し、自分に対する糾弾を避けるために最高裁判所を炎上させ、いざ刑務所に入るとなると、みずから建設させた宮殿のような刑務所で悠々自適の暮らしを送るのだ。

また、エスコバルは自分の悪事と善行との境界線を引くことができない誇大妄想狂でもあった。コカイン取引で儲けたカネで教会を建て、貧しい者のために住宅を作り、世間の誰もが裏の顔を知っているにも関わらず、国会議員の選挙に出馬して当選までしてしまう。周囲の仲間は「自分たちは犯罪者なのだから」と反対するのだが、エスコバルは大統領になった自分自身を夢想する。彼の人間的な面白さは、承認欲求を満たしたいのはもちろんだが、半ば真剣に、自分は搾取されている庶民の代表だと信じ込んでいるところにある。

いずれもノンフィクションというよりマンガの世界で起きそうなことばかりで、しかもほぼ実話通りなのだから口をあんぐり開けて驚くしかない。当事者ではないわれわれは、快進

DEA捜査官ハビエルを演じたペドロ・パスカルは本作でブレイクし、『キングスマン：ゴールデン・サークル』（2017年）などのハリウッド大作にも出演。『ナルコス』シーズン3では実質的にアメリカ側の主人公の役割を務めた。

撃を続けるエスコバルを、まるで自分たちが賭けた競走馬であるかのように応援してしまうのだ。強烈すぎる悪徳の匂いを嗅いで「もっとやれ、もっとすごいことをやれ！」とけしかけながら、心のどこかで転落の日を待ちわびる。そんな不道徳な悦楽を『ナルコス』は間違いなく味わわせてくれる。

エスコバルの落日と暴力の連鎖を描くシーズン2

本来日陰者であるはずの主人公が燦然と光を放つものだから、ほかの登場人物たちは分が悪い。エスコバルの血塗られた立身出世物語と並行して、DEA捜査官のマーフィーとペーニャやコロンビア警察によるエスコバル包囲網が描かれるのだが、シーズン1を観ていても失敗に次ぐ失敗の連続で、たまに功を奏しそうになると暗殺されてしまったりするのだから油断も隙もない。

また、全体の語り部としてナレーションを担うのはマーフィーなのに（その理由を知るにはシーズン2の最終回まで待たなくてはいけない）、いまいちマーフィーが事態を動かす推進力になり切れていないことも、エスコバル以外のパートが多少まどろっこしく感じる原因かも知れない。

ところがシーズン2で、力関係は大きく変化する。みずからが建築した刑務所から脱走したエスコバルは逃亡生活に入り、この機会を逃すまいと打倒エスコバルのためにあらゆる勢力が動き出すのだ。

毎エピソードの冒頭でいくら「実話を基にしたフィクションです」と断っていても、『ナルコス』がほぼ実話をなぞっていることは否定のしようがない。興味深いのはシーズン1とシーズン2の時間配分で、シーズン1ではメデジン・カルテルの勃興からエスコバルの脱獄までの長い年月が描かれるのだが、エスコバルは脱獄から1年ちょいで特捜隊によって射殺されるのである（これは史実であるからどうかネタバレと怒らないでいただきたい）。

つまり『ナルコス』において、エスコバル編の終章であるシーズン2は、パブロ・エスコバルの最晩年にあたる約1年の出来事をシーズン1と同じボリュームで描いているのである。これは1話進むごとに一歩ずつ最期の瞬間が近づいてくる、「死へのカウントダウン」にほかならない。

『ナルコス』はシーズン2において、より善と悪のグレーゾーンへと踏み込んでいく。絶対的強者だったエスコバルの没落は、エスコバル自身の人間的な部分を顕在化させるだけでなく、エスコバルを追跡する側にとっても地獄への踏絵となっていく。

いくら潜伏中とはいえエスコバルは手強い。そこで登場するのが「ロス・ペペス」と名乗る打倒エスコバルを標榜する自警団なのだが、『ナルコス』は明確にこの集団の正体を名指しする。メデジン・カルテルから造反した勢力と、ライバル的存在だったカリ・カルテル、右派の武装勢力、そしてエスコバルへの憎悪を募らせる警察の一部や、アメリカの麻薬取締官らが結託して、エスコバル一味の殲滅を狙うのである。

正義を求める者たちが阿修羅道に落ちる皮肉

まさに「敵の敵は味方」だが、それぞれの思惑が一致するわけではない。強大な敵を倒すために本来敵対する者同士が手を組んだというだけであり、一部の警察やDEA捜査官たちにとっては明らかに悪に加担する背信行為でもある。そして暴力をもって暴力を制するやり方はさらなる報復の連鎖を生み、死屍累々の阿修羅道へと突き進んでいく。

おそらくこのシーズン2こそが、前述したジョゼ・パジーリャ的なテーマ性が如実に浮かび上がる真骨頂だ。エスコバルはもはや絶対悪ではなく、絶体絶命の窮地のなかで違う生き方を夢見るようになる。

一方、正義の番人である側は、もはや手段を選ぶことなく泥沼へ飛び込んでいく。最優先すべきは「エスコバルの首」であり、捜査当局対麻薬王の大義はただの殺し合いへと堕ちる。そして当事者たちのなかでは、ルール無用の異様な興奮状態と、反動として訪れる倫理的な葛藤とがブンブンと右に左に振り子のように揺れ続ける。誰もが「こんなはずではなかった」とどこかで思いながら、地獄への最終列車を止めることはできないのだ！

ここにパジーリャ的アプローチの面目躍如がある。いくら個人が信念や信条、大義を持ってようとも、目的を実現するための手段が優先され、本来の目的が変質を余儀なくされる。つまりパジーリャとは「社会における理想の変容」を描き続けている作家ではないか？『ナルコス』では製作総指揮というポジションなので全話にタッチしているわけではないだろうが、少なくとも『ナルコス』がパジーリャ的なテーマを追求している作品であることは間違いない。

そしてシーズン2の面白さは、こういった犯罪社会学的な考察が、あくまでもエモーショナルな人間ドラマとして描かれていることにある。あるインタビューでパジーリャは「自分はストーリーテラーである」と語っているのだが、シーズン2ではエスコバルの最期の数年間を10話かけて描いたことで、テーマ性とストーリーとが自然な形で両立しているのである。

シーズン3では麻薬戦争がさらに激化

自分を含めて多くの視聴者は、『ナルコス』がシーズン2で完結すると思っていたのではないか。というのも、シーズン1が終わった時点で主人公であるパブロ・エスコバルの生涯はすでに終盤に差しかかっており、エスコバルの死でもってシリーズ終了となるのが一番自然な流れに思えるからだ。

ところが、『ナルコス』の製作チームはシーズン3の続行を宣言した。それもシーズン2のラストから間もないところから、何かをリセットするでもリニューアルするでもなく（オープニングの映像は変わったが）、しれっと続きが始まったのである。

もうエスコバルはいないのに、一体何を描くつもりなのかと思った自分のような人間は、完全に思慮が足りていなかった。『ナルコス』はパブロ・エスコバルの伝記ドラマか？　シーズン1と2についてはその通りだ。しかしエスコバルが死んだからといって、現実の世界で何かの区切りがついたり、大きな変革が訪れたりはしなかった。

つまり史上最悪の麻薬王パブロ・エスコバルが退場しても、次の至上最悪の麻薬王に取って代わられただけだったのだ。正しくは「麻薬王」ではない。エスコバルのような悪のカリスマの代わりはそうそう務まるものではない。エスコバルの後釜に座ったのは、メデジン・カルテル最大のライバルだったカリ・カルテルという「組織」だった。そしてコロンビアを舞台にした熾烈な麻薬戦争は、まだ全然終わっていなかったのである！

アメリカ麻薬取締局（DEA）の捜査官コンビとして登場するスティーブ・マーフィーとハビエル・ペーニャは実在の人物で、本シリーズにはコンサルタントとして参加。多少の脚色はあるにせよ、彼らの主権無視の国外活動の実態にも注目。

まさかのシーズン続行が不可欠であった理由

カリ・カルテルの名はすでに書いた。エスコバルを追い詰めるために裏から資金を提供し「ロス・ペペス」の中核を担ったのもカリ・カルテルだった。

DEA捜査官という立場ながら「ロス・ペペス」に関与して更迭されたペーニャが、カリ・カルテルとの繋がりを買われて現場復帰するシーズン3の展開は脚色によるフィクションだが、アメリカ当局にとっての麻薬戦争の相手が、エスコバルのメデジン・カルテルからカリ・カルテルに交代したことは事実に基づいている。

ネットフリックスが『ナルコス』のシーズン延長を決めたのは人気の証でもあるのだが、筆者は対カリ・カルテル編まで描こうという気概を製作チームの誠実さの表れだと思っている（実際にはシーズン3と同時にシーズン4の製作も発表された）。

シリーズ的には、エスコバルというカリスマ的なキャラクターがもたらす推進力を失ったことは決してプラスではなかったはずだ。物語としても、エスコバルの死をもってひとつの完結を見ている。しかし、シーズン2で終わってしまっては、単に「世界最悪の麻薬王」の生涯を、面白おかしく見世物にしただけではないのか？　エスコバルが蒔いた悪の種が世界中で根を張り、今も麻薬戦争は継続している。であれば「ナルコス＝麻薬の売人」というタイトル通りに、麻薬の現実を描き続けるべきではないか？

実はショーランナー（ドラマシリーズの舵取り役）を務めるエリック・ニューマンも、シーズン1が始まる時点から「3」以降を構想していたことを明かしている。ニューマンによると『ナルコス』は決してパブロ・エスコバルの物語ではなく、麻薬取引そのものを描いており、だからこそタイトルもより普遍的な『ナルコス』にしたのだと語っているのである。

カリスマなき麻薬戦争の暗黒時代へ

『ナルコス』シーズン3は、物語の中核となるカリスマを欠いたことで、より複雑怪奇な麻薬ビジネスの深淵に踏み込むことになった。もはやひとりの極悪人が仕切るピラミッド状のシステムはない。「打倒エスコバル」が旗印だった時代は終わり、ヒーローもアンチヒーローもいない現実を描き続けなければならない厳しい条件下で、ドラマとしての面白さが減じるどころかパワーアップしているようにすら感じるのだから恐れ入る。

この原稿を書いている時点（2018年10月）で、『ナルコス』のシーズン4は11月の配信を待つばかり。いや、シーズン4ではない。新シーズンはシーズン3の直接の続編ではなく、メキシコに舞台を移して、80年代からのカルテル同士の争いと統合の歴史を描くことになるという。タイトルも『ナルコス：メキシコ編』に改題された。

メキシコといえば、苛烈な麻薬戦争が今も現在進行形で起きている最前線だ。80年代の麻薬ビジネスがエスコバルの時代だったとするならば、コロンビアの実権はカリ・カルテルに取って代わられ、現在はメキシコこそが麻薬戦争の中心地になっている。『ナルコス』が時間をさかのぼり、80年代のメキシコに目線を移したことは、製作チームがコロンビア→メキシコの縦の歴史だけでなく、もっと壮大なクロニクルに着手したことにほかならない。

ただ、世界から麻薬が根絶される未来が近々訪れるとは考え難いし、未来永劫『ナルコス』というドラマシリーズが続いていくわけにもいかないだろう。しかし『ナルコス：メキシコ編』を観れば、製作チームがこれからのシリーズにどんなビジョンを持って臨んでいるかを窺い知ることができるはずだ。麻薬戦争のような物騒なものには1日でも早く消え失せてほしいと心から願っているが、『ナルコス』シリーズにはまだまだ続いてもらって、脳を揺さぶるような興奮と刺激を提供し続けてほしいと、いささか矛盾した気持ちを抱いてしまうのである。

(recommend)

『ナルコス』を観たあなたにオススメ！

『邪悪な天才：ピザ配達人爆死事件の真相』（2018年）Ⓝ

Netflixといえば犯罪ドキュメンタリーの宝庫で、『ナルコス』にも繋がる麻薬系ドキュメンタリーも多いが、あえてオススメしたいのがあまりにも現実離れした事件を追いかけたこのシリーズ。首に時限爆弾を付けられたピザ配達人が銀行強盗を強要され、公衆の面前で爆死。まるでスリラー映画みたいな異常事態の、さらに奇妙な顛末にハマる。

『パブロ・エスコバル － 悪魔に守られた男』（2012年）

『ナルコス』に先駆けて、エスコバルの地元コロンビアで制作された伝記ドラマシリーズ。全74話と長大なボリューム感なので、完走するのは並大抵のことではないが、渋みのあるヴァグネル・モウラのエスコバルより、ヘンに愛嬌のある太っちょオジサンであるこちらの方がビジュアル的には本物に近い。『ナルコス』の脇キャラは仮名が多いが、こちらは容赦なく実名。

『潜入者』（2016年）

エスコバルのメデジン・カルテルの資金洗浄を追いかけていたアメリカ税関の捜査官が、潜入捜査に身を投じて、カルテルの幹部の懐に飛び込んでいく。『ブレイキング・バッド』のブライアン・クランストンが実在の捜査官に扮したノンフィクション・スリラー。メデジン・カルテルがいかに巨大な組織だったのかを別の側面から知ることができる。

Ⓝ：Netflixオリジナル作品

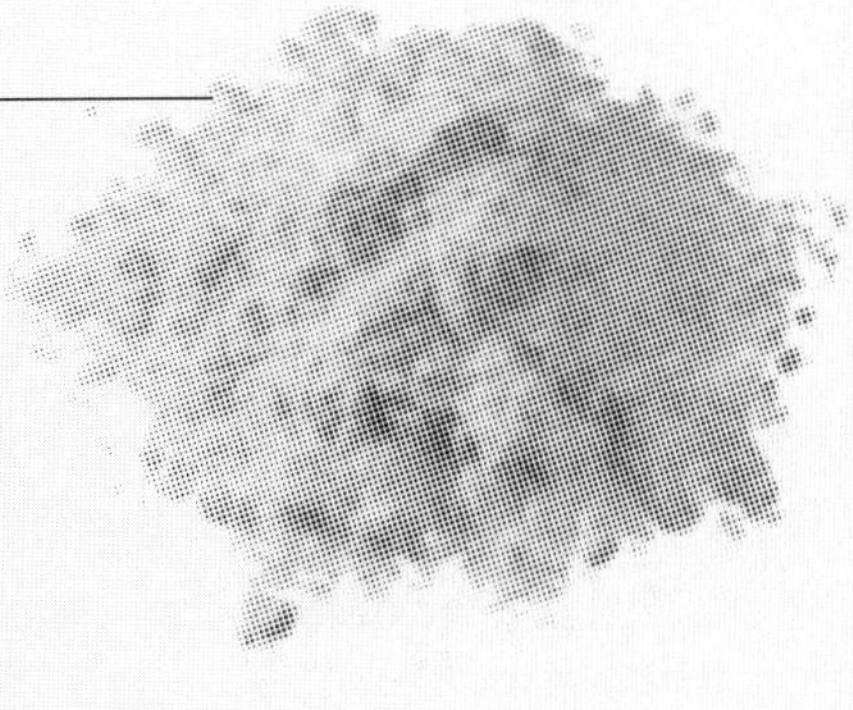

Better Call Saul

ベター・コール・ソウル

一介の弁護士だった男が、セコい悪徳弁護士となったわけとは?『ブレイキング・バッド』のソウル・グッドマンの過去を描きエミー賞候補となったスピンオフ作品。

出演：ボブ・オデンカーク、ジョナサン・バンクス、レイ・シーホーン
原作・制作：ヴィンス・ギリガン、ピーター・グールド
放送・配信：2015年～

Netflix オリジナルシリーズ
『ベター・コール・ソウル』
シーズン1～4独占配信中

ブレイキング『ブレイキング・バッド』
——ベター・コール・ソウル

小杉俊介

「『ベター・コール・ソウル』は、『ブレイキング・バッド』よりさらに好きだ。奇をてらった意見を言いたいわけじゃない。（※筆者補足：『ブレイキング・バッド』と比較すると）明確な事件性は低いが、倫理面での転落がより深く、より痛烈にわたしを打つからだ……」

『ブレイキング・バッド』（2008〜13年）のスピンオフ作品である『ベター・コール・ソウル』についてこうツイートしたのは、『シェイプ・オブ・ウォーター』（2017年）でアカデミー賞作品賞・監督賞を受賞した名監督ギレルモ・デル・トロだ。

この発言の意味の大きさを正確に伝えるには、発言者がデル・トロ監督であることに加えて、ふたつのことを説明した方が良いかもしれない。ひとつは、監督が『ブレイキング・バッド』放映中からずっとドラマのファンを公言していて、名エピソード「オジマンディアス」（S5 E14）の監督を自分がやりたかったとまで発言していたこと。もうひとつは、『ブレイキング・バッド』というドラマがテレビ黄金期と言われる現在のアメリカテレビ界にあって、そのなかでも最高傑作との呼び声が高い特別な作品であることだ。

つまり、監督のこの発言は大げさにいえば、『ベター・コール・ソウル』が現代最高のドラマかも、と言っているに等しいとも言えるのだ。

『ベター・コール・ソウル』が始まった4年前、こんな評価がされる日が来ることを予想できていた人はそうはいなかったはずだ。

テレビ黄金期が生んだ大傑作『ブレイキング・バッド』

『ブレイキング・バッド』は、クラシック映画専門ケーブルチャンネル局だったAMC（＝アメリカン・ムービー・クラシック）がオリジナルドラマとして手がけた第2弾であり、2008年に始まり2013年にシーズン5で完結した。現在、ネットフリックスで全シリーズ観ることができる。余談として、『ブレイキング・バッド』『ベター・コール・ソウル』とも、作品中で登場人物がクラシック映画を観る場面がよく出てくるのは、恐らくAMC制作ということが影響しているんじゃないか。

主人公ウォルター・ホワイト（ブライアン・クランストン）は50歳の誕生日を迎えた高校の化学教師で、妊娠中の妻と、脳性麻痺の障がいを持った高校生の長男との3人暮らし。洗車場のアルバイトとのダブルワークで何とか家計を回していたが、ある日、みずからが肺ガンに侵され余命が短いことを知る。残される家族のために財産を残そうと考えたウォルターは、ふとしたきっかけからドラッグの密造に手を染め、徐々に裏社会に深入りしていく。

高校教師でも病に倒れたら生活が立ち行かないアメリカ中産階級崩壊の様をリアルに捉えたこと。『ベター・コール・ソウル』の主役である悪徳弁護士ソウル・グッドマン（ボブ・オデンカーク）、同じく本作に準主人公として登場するハードボイルドな元警察官マイク・エルマントラウト（ジョナサン・バンクス）、ドラッグ組織の無慈悲な帝王グスタボ・フリング（ジャンカルロ・エスポジート）といったあまりに濃いキャラクターたち。相棒ジェシー（アーロン・ポール）との絡まりあった愛憎劇。『ブレイキング・バッド』の凄いところを挙げていったらキリがないが、ひとつだけ挙げるとしたら、それは、ウォルター・ホワイトという主人公の転落劇を5シーズンの長きにわたり、未だかつてどんなフィクションも達したことのないような深さまで描き、みごとに完結したことだろう。テレビドラマという長時間かつ長期間にわたるフォーマットの可能性を極限まで追及したドラマ、それが『ブレイキング・バッド』だった。

『ブレイキング・バッド』の前日譚にして、精神的続編『ベター・コール・ソウル』

『ベター・コール・ソウル』の主人公ジミーは、元々『ブレイキング・バッド』の主人公ウォルターの犯罪の隠蔽などを助ける弁護士として登場した。

事務所の目印は空気で膨らませた自由の女神像、執務室には大理石に見せかけたハリボテの柱、「飛行機事故が起これば すぐに「訴訟起こしませんか?」という安っぽいテレビCMを流し(「ベター・コール・ソウル」とは「ソウルに電話しよう!」という意味のソウルのCMの決まり文句だった)、どぎつい緑の悪趣味なスーツを着て、ガラガラ声でいい加減なことをまくしたてるソウルは、シーズンが進むにつれシリアス度が増していく『ブレイキング・バッド』にあってその軽薄さが貴重な、いわば道化役だった。

『ベター・コール・ソウル』の物語は、『ブレイキング・バッド』の物語が始まる6年前、2002年からスタートする。この時点でのソウルはまだ駆け出し弁護士ジェームス(ジミー)・マッギルに過ぎない。

ジミーの兄は、ドラマ2作共通の舞台であるニューメキシコ州都アルバカーキの大物弁護士チャールズ(チャック)・マッギル(マイケル・マッキーン)。元々地元でケチなチンピラをしていたジミーは、ある事件でチャックに助けてもらったことをきっかけに、兄と同じ弁護士を目指した。しかし、弁護士資格をみごと取得して周囲を驚かせたところまでは良かったものの、兄の事務所には雇ってもらえず、マッサージ屋の物置を事務所にして何とか糊口をしのぐ毎日。そんなジミーが、いかにして麻薬密売組織のマネーロンダリングに手を染める悪徳弁護士になったのか？『ベター・コール・ソウル』はそこをじっくり描いていく。

ソウルが『ブレイキング・バッド』のコミックリリーフ的役割だったこともあって、当初、ファンサービス的な軽めのスピンオフを予想していた人も多かったはずだ。

実際、ドラマが始まった当初は、底辺弁護士ジミーに一攫千金のチャンスが転がりこむ!?とか、つい欲を出したら悪い奴らに捕まって大変、どうやって逃げ出す!?とか、しょうもない夫婦に関わりあったばかりにさあ大変!?といったコミカルな展開も多かった。そのなかでジミーが繰り広げる等身大の精一杯な悪戦苦闘を微笑ましく見守るドラマにも思えた。

しかし、ドラマが進むにつれ、『ベター・コール・ソウル』はスピンオフというより、むしろ『ブレイキング・バッド』の正統な前日譚であり、作品の精神としては続編であり、デル・トロ監督の言う通り、ある意味で『ブレイキング・バッド』をも超えるドラマであることが明らかになってきた。

それは、ひとつには、『ベター・コール・ソウル』が『ブレイキング・バッド』の達した地点を出発点としてさらに高みを目指していること、もうひとつは、ふたつのドラマがひとつの同じテーマを扱っていることが見えてきたことによる。

まだジミーだったころのソウル（写真奥）と、もうひとりの主人公マイク（写真手前）。

高解像度でじっくりと描かれる「悪」の萌芽

『ブレイキング・バッド』は、シーズン1からずっと凄いドラマだが、同時に、シーズンを重ねるなかで「化けた」作品でもあった。

真面目一徹の化学教師がガン告知をきっかけにドラッグ密造に乗り出すも、ストリートの厳しさの前に悪戦苦闘する。そんな悲しくも笑えるブラックコメディとして始まったドラマが、人気と評価の高まりとともに、やがて本格的なドラッグ抗争ものになり、さらにラストシーズンには、『羊たちの沈黙』（1991年）などの名優アンソニー・ホプキンスもシェイクスピアやギリシャ悲劇まで引き合いに出して絶賛したほどの物語としての高みに達した。ウォルターの行動がエスカレートしていくとともに、俳優の演技も、演出も、映像も、天井知らずに上り詰めていく。このドラマは一体どこまで到達するのか。『ブレイキング・バッド』を観るというのは、そんな相乗効果を味わう特別な体験だった。

『ベター・コール・ソウル』には、少なくとも当初は、そういう特別なテンションはなかった。むしろ、『ブレイキング・バッド』でソウルに将来何が起こってしまうのか視聴者は知っていることを前提として、そこに向けてじりじりと、ゆっくり歩を進めていく、その極端なスローペースと、何も起こらなさと、脱力ぶりが特徴だった。しかし、表面的には派手な事件が起こらないからこそ、当初からむしろ際立っていたのが、『ブレイキング・バッド』から引き続いた演出や映像の冴えだ。

何気ない場面でも隅々まで冴えわたった画面構成。登場人物の無意識の動きだけで心情を表現する演出。表面上でセリフとして喋っていることは、実は登場人物の内心とは全く異なるということを、さりげなく、でも誤解の余地なく的確に伝える研ぎ澄まされた脚本。『ブレイキング・バッド』が5シーズンかかって辿り着いた境地をスタート地点として、さらにその先へ行く、いわばストーリーテリングと演出の超絶技巧集の域に達しているのだ。

さらに、話が進むにつれはっきりと見えてきたのは、『ベター・コール・ソウル』は本質的に『ブレイキング・バッド』と同じ主題を扱った物語だということだ。どちらも、ひとりの男がどのようにして悪に落ちていくのかを主題としている。

『ブレイキング・バッド』と『ベター・コール・ソウル』は、その同じ転落の物語を、全く違う角度から描いている。ウォルターは、ドラマのスタートにおいては良心的な夫であり父親であるかのように振舞っていた。しかし、のちに明らかになるのは、彼は本質的に常人の理解の及ばない怪物だったということだ。

それに対し、ジミーはドラマのスタート時点ですでに、人を騙すのが得意な「滑りのジミー」と呼ばれるチンピラだ。しかし、マッギル家の恥と罵られるロクでもない男であっても、ジミーは「普通の人」だ。嘘ばかりつくが、どこか憎めない愛嬌があり、老人に好かれる。ジミーの人としての根本には、どこかイノセントな部分がある。

しかし、そんな「普通の人」ジミーは、ドラマを通じ、ゆっくりと、しかし確実に、「悪」に向けて滑り落ちていく。ジミーは一体何に足を取られ、何を掴んでどのように姿勢を立て直そうとし、それでも結局逆らえないで落ち込んでいくのか。その様を、まるでスローモーション映像のように解像度高く描いているのが『ベター・コール・ソウル』だ。

その解像度の高さにおいて、デル・トロ監督の言う通り、確かに『ベター・コール・ソウル』は『ブレイキング・バッド』を遥かに上回っている。そして、その解像度はシーズンを重ねるごとにさらに向上していっている。

『ブレイキング・バッド』唯一の欠点？〜キムという女性の革新性

もう1点、『ベター・コール・ソウル』にはわかりやすく明らかに『ブレイキング・バッド』を上回っている、というか、『ブレイキング・バッド』というドラマ史上に残る傑作にもあったある欠点を意識的に克服している部分がある。それが、ジミーの公私にわたるパートナーであるキム（レイ・シーホーン）の存在だ。

『ブレイキング・バッド』の数少ない欠点のひとつは、女性の描き方だったと筆者は思っている。そもそもドラッグ抗争の話なので、登場人物のほとんどが男性であること自体は別に不自然ではない。問題は、出てくる女性のキャラクターが、「男の仕事の邪魔をする」類のキャラクターばかりだったということだ。

ウォルターの妻のスカイラー（アンナ・ガン）は、「家族のため」と称しドラッグ密造に手を染める夫に決して感謝せず、つまらない男と浮気したあげく、ウォルターが稼いだ金を浮気相手に渡してしまう。その結果として、『ブレイキング・バッド』の放映中、スカイラーというキャラクターは視聴者に徹底的に嫌われ、「#hateskyler」（スカイラーが嫌い）というハッシュタグのついた投稿がSNSにあふれた。最終的にウォルターの行動が家族に何をもたらしたのかを考えれば、スカイラーには批判されるようなところは何もなかったにもかかわらず、だ。ドラマのショーランナーのヴィンス・ギリガンは、彼女に対する批判について「ミソジニー（女性嫌悪）に基づくものだ」と非難したが、正直なところ、ドラマ自体に女性嫌悪を呼び込みかねない部分がなかったとは筆者は思わない。

スカイラーだけではない。ウォルターの宿敵ハンク（ディーン・ノリス）の妻でありスカイラーの妹であるマリー（ベッツィ・ブラント）は情緒不安定で万引き癖があり、ヒステリックに夫を振り回す。ドラッグ流通網の重要な部分を担うリディア（ローラ・フレイザー）は、男の仁義を理解せず、自分の手は絶対に汚さないのに、ちょっと邪魔になった存在はすぐ男に頼んで殺させようとする。

ドラマの大ファンとして擁護しておくと、作中では、男の仕事なんてカッコつけても所詮はドラッグの密造であり、ウォルターの行動は「家族のため」なんかになっていないということはきっちり描かれている。しかし、少なくとも、『ブレイキング・バッド』のドラマ世界において、「男の邪魔をする」タイプではない女性キャラクターを描く、という未踏の地が残っていたことは事実だ。

キムは、まさに『ブレイキング・バッド』には登場しなかったタイプの女性だ。彼女の立体的で陰影に富み、謎を残した存在感は『ベター・コール・ソウル』に『ブレイキング・バッド』にはなかった要素をもたらしている。さらに言うと、ドラマが進むごとにキムの存在感は増し、『ブレイキング・バッド』のウォルターとジェシー同様に、ドラマは今や限りなくジミーとキムのバディものに近づいてきている。

キムは、ジミーと同じく、チャックの事務所の郵便係として働きながら法律の勉強に励み、みごと弁護士になった苦労人だ。しかも、ジミーとは異なり、弁護士としての仕事が思ったようにいかないからといって腐ったりズルしたりはしない。その代わり、ロースクール時代の知り合いなどに片っ端から電話をかけるという地道な営業活動によって銀行の顧問業務を獲得する。理性的で、弁護士として優秀でありながら、必要とあらば泥にまみれ、ジミーの苦境を何度となく救う、誰よりも頼りになる存在でもある。大事務所の勤務弁護士の地位を捨て自分で事務所を立ち上げる行動力があり、何よりも、刑事事件の被告人などの弱者を見捨てない熱いハートがある。

デル・トロ監督いわく「キムが鍵」。

公私ともに追い詰められ、無理をした結果として交通事故を起こしてしまったキムが、休養中、ジミーと一緒に自宅で映画を観ようとするシーンがある。子どものころから好きな『アラバマ物語』（1962年）をもう1回観たいというキムに対し、ジミーは、「女の子はみんな（『アラバマ物語』の主役である人権派弁護士アティカス・フィンチを演じた）グレゴリー・ペックと結婚したがったよな」と言うが、キムは「グレゴリー・ペックと結婚したかったんじゃない、私はグレゴリー・ペックになりたかったの」と言う。キムという人の根本が見える名場面だ。

キムは、単に魅力的なキャラクターであるというだけではない。シーズン4まで進み、もうジミーは後戻りできないというところまで行き着いた感もある『ベター・コール・ソウル』だが、ドラマの中心に実は巨大な謎が残っている。それは、キムはなぜジミーなんかとずっと一緒にいるのか、ということだ。キムは、ジミーという男のダメさ、弱さを誰よりも知り尽くしている。弁護士としてまっとうな道を行く能力もガッツもある自分とは、ジミーはともに歩く意思も能力もないことも気づいている。それにも関わらず、キムはジミーの側から離れず、ジミーを決して見捨てない。その最終的な理由、動機はまだ視聴者に納得できるかたちでは示されていない。その謎が、視聴者をさらにキムに惹きつけている。

視聴者は、『ブレイキング・バッド』でのソウル・グッドマンの側にはもうキムはいないことを知っている。一体いつになるのか、どのような形でなのかはまだ誰にもわからないが、キムとジミーの別れは絶対にやってくる。そのことだけは決まっている。『ベター・コール・ソウル』ファンは、今、いつか来るジミーとキムの離別が一体どのように描かれるのか、固唾を呑んで見守っている。

愛すべき小さな男、ジミー

ちょっと個人的な話を。筆者の本業は、ジミーと同じく弁護士だ。筆者も、ジミーと同じく、回り道をして、年齢が少しいってから弁護士になった。弁護士を目指すことを決めた際、キムが『アラバマ物語』のアティカス・フィンチになりたかったのと同じく、正義を為したいという気持ちはやっぱりどこかにあった。でも、業界を知るにつれ、チャックのようにストレートに弁護士になった同業者とはやはりスタート地点から違う、彼らと同じ世界に労なく入れるわけではないということも理解するようになった。キムが電話をかけまくって銀行の顧問の仕事を取ったような、不屈のファイティング・スピリットが自分にあったとは正直なところ口が裂けても言えない。その代わり、カッコ悪いかもしれないがもっと楽な方法として、ジミーのように、趣味のあまり良くない広告を打ったこともある。ジミーの最初の事務所のような狭いオフィスで仕事をしていたことだってある。そうこうありつつ、現在もお蔭様で弁護士として生計を立てている。時々こういう原稿を書かせてもらったりする。

筆者には、ジミーが弁護士になろうとした初志に嘘はなかったということはよく理解できる。悪徳弁護士ソウル・グッドマンなんかになるつもりは、ジミー本人にだって間違いなくなかったはずだ。だから、どうやってもチャックと同じ世界には入れない、チャックが入れてくれないということを知ったときのジミーの気持ちも、わかる気がする。ジミーと同じようなスタート地点から、必死のガッツで銀行に食らいつき、信頼を得ながら、そのことにどこか居心地の悪さを感じているキムの複雑な心情も。

国から何から異なるが、ジミーとキムの苦闘は、同じ職業の人間としてよくわかることばかりだ。衆目を集める刑事事件でも、正義を背負った集団訴訟でもない、もっと地道な事件や、事件にもならない弁護士の活動について、ここまでリアルに描きながら同時にエンターテインメントにもなっているドラマをほかに知らない。弁護士の懲戒処分とそこからの資格回復をドラマの中核に据えて、かつ視聴者を泣かせるなんてことが可能だとは、このドラマを観るまで知らなかった。

自分がジミーと似ている、と言いたいわけではない。『ベター・コール・ソウル』でのジミーの転落劇は同業者に限らず、普通に働き、生きている人間であれば、誰でもどこか共感できるところがある、ということだ。

『ブレイキング・バッド』でのウォルターも、スタート地点ではどこにでもいる中年男性のはずだった。しかし、その後の転落劇を経てから振り返ると、ウォルターは始めから、人を殺すことなど何とも思わない、大きすぎるエゴに囚われた怪物だった。『ブレイキング・バッド』は、ひとりの男の怪物性を5シーズンにわたって描き切ったという点で画期的なドラマだったが、最後には、視聴者は、ギリシャ神話の神々に向けるような目線で、ウォルターというモンスターを放心状態で見上げるしかなかった。

『ベター・コール・ソウル』でのジミーはもっと小さい男だ。ピエロのような振舞いの裏には、ごく普通の男の喜怒哀楽が見え隠れしている。怪物性という意味では、一流の弁護士であり法の信奉者であったチャックのほうがむしろウォルターに近い。世間的には、チャックは最後まで立派な名士であるにもかかわらず。

そんな愛すべき小さな男が、まさにその小ささゆえにつまずき、近くには愛してくれる味方だっているのに、気がつけば不可逆に「悪」に落ちていく。その姿は、ジミーと同じように小さい日常を生きている人間には、まるで自分のことのように痛烈に刺さる。デル・トロ監督の言っていることは、『ベター・コール・ソウル』ファンの総意でもあるはずだ。『ベター・コール・ソウル』の物語は、ついにジミーがソウル・グッドマンを名乗るところまで来た。いよいよ終わりは近い。

これは『ブレイキング・バッド』を観ることを通じて学んだことだが、どんなに素晴らしいドラマであっても、いや、素晴らしいドラマであればあるほど、リアルタイムで「乗っかる」体験は格別だ。『ブレイキング・バッド』は本国での各シーズンの放映後にしばらく経ってから輸入されたので、厳密にはリアルタイムではなかった。でも、ネットフリックスでエピソードごとに世界同時配信される今なら、文字通りリアルタイムに乗っかることができる。ジミーの物語がどう終わるのか、もしくはひょっとすると終わらないでくれるのか、ぜひひとりでも多くの方にリアルタイミングで目撃することを強く勧めたい。

※『ベター・コール・ソウル』は米ケーブルテレビ・チャンネルAMCにて放送されているが、日本をはじめとした世界各国ではネットフリックスがオリジナルシリーズとして配信している。

(recommend)

『ベター・コール・ソウル』を観たあなたにオススメ!

『このサイテーな世界の終わり』(2017年~)Ⓝ

本国イギリスのみチャンネル4で放映、世界的にはNetflix独占という『ベター・コール・ソウル』という同パターンのドラマ。こちらも同じく『ファーゴ』の強い影響を感じさせつつ、ティーンエイジャーの無軌道な犯罪ロードムービーという全くの別方向に振り、しかも20分×8話でさくっと観られる。

『アラバマ物語』(1962年)

主人公アティカス・フィンチは確かにカッコいい。でも、彼が法廷での戦いに敗れた後、ある意味で超法規的で超自然的なかたちで下される正義こそ、この映画の肝だと思う。そして、そこにキムというキャラクターを理解する鍵、ひいては『ベター・コール・ソウル』というドラマの行先を占う鍵があるような気がしている。

『ファーゴ』(1996年)

凡人が犯罪に巻き込まれていく物語として、『ブレイキング・バッド』『ベター・コール・ソウル』に強い影響を与えていると感じる。『ブレイキング・バッド』のシーズン1第7話のタイトルはこの映画からの引用。同名のドラマ版、『スリー・ビルボード』など影響は広がっている。

Ⓝ:Netflixオリジナル作品

Master of None

マスター・オブ・ゼロ

俳優の仕事も女の子との関係も、ワンランク上を目指したいデフ。頼りになるかは微妙だが、個性的な友達に囲まれて人生は続く。複数の賞を受賞した人気シリーズ。

出演：アジズ・アンサリ、ノエル・ウェルズ、エリック・ウェアハイム
原作・制作：アジズ・アンサリ、ヤン・アラン
配信：2015年〜

Netflixオリジナルシリーズ
『マスター・オブ・ゼロ』
シーズン1〜2独占配信中

〈他人の靴を履く〉ことへの飽くなき挑戦
――マスター・オブ・ゼロ

伊藤聡

君の立場にはなれないから

英語で〈他人の靴を履く〉（put oneself in someone's shoes）とは、〈他人の身になってみること〉を示す慣用句である。なぜこの慣用句に用いられるメタファーが靴なのかはよくわからないが、印象に残る言い回しだ。他人のコートやバッグを借りることと比べて、靴を借りることはハードルが高い。靴はよりパーソナルで、そう簡単には交換しにくいものだ。『マスター・オブ・ゼロ』の主人公デフ（アジズ・アンサリ）は、恋人レイチェル（ノエル・ウェルズ）との会話で「君の立場にはなれないから」（there's no way to be in your shoes）と言ったが（シーズン1、エピソード7）、恋人に対してこう伝えることは残酷だったのだろうか。いったい彼の姿勢は真摯なのか、傲慢なのか、にわかには判断がつきにくい。

2015年に配信が開始され、現在シーズン2まで公開されているネットフリックスのドラマ『マスター・オブ・ゼロ』は、ニューヨークに住むインド系アメリカ人男性の視点を通じて、視聴者がさまざまな立場の人々の〈靴を履く〉ことを疑似的に体験するドラマだと言えるが、そこにはどのような工夫が凝らされ、いかなる意図が盛り込まれているのか。われわれは本当に〈他人の靴を履く〉ことができるのだろうか。

何が気に入らないのよ

アメリカの作家レイモンド・カーヴァーの短編小説『他人の身になってみること』（原題：Put Yourself In My Shoes）が不可解なのは、なぜそのような題名がついているのか、読み終えても判然としない点である。同作は、主人公であるマイヤーズ夫妻が、以前に借りていた住まいの家主であるモーガン夫妻を訪ねる物語だ。あらかじめ電話してから行くべきだと主張する夫に対し、それはつまらないからいきなり訪ねたいという妻。しかし、突然の訪問は失敗に終わる。4人の会話は空回りし、気まずい空気が流れ、やがてモーガン氏は、レコードを返せと意味不明な言葉を浴びせかける。どうやら彼は、愛聴していたレコード盤を盗んだのがマイヤーズ氏だと確信しているようなのだ。面食らったマイヤーズ夫妻は逃げるように家を出て、思わず「あの二人頭がおかしいみたい」と嘆く。なんとも後味の悪い短編だ。結果的に、この話のどこが『他人の身になってみること』という題名と結びつくのか、読者にはよくわからないままである。

あるいはカーヴァーは、本当に〈他人の身になってみること〉の想像を絶する困難、あるいは不可能性について書きたかったのかもしれない。というのもこの物語は、マイヤーズ夫妻とモーガン夫妻のコミュニケーションが成立しなかったというだけの話ではない。4人の登場人物はみな、自分の配偶者とすら理解が成立していない。たとえばマイヤーズ氏は、なぜ妻が約束もせずにモーガン夫妻を訪問したがったのかわからない。またモーガン氏の妻は、夫に対して、レコード盗難の犯人がマイヤーズ氏だと断定する根拠はないと指摘している。しかし、彼らが内心思っていたであろう〈なぜこの人はいきなり場違いなことを言い出すのだろう〉という問いは口に出せないまま、ただ事態だけがちぐはぐに進行していく。この短編にあっては、さまざまな行動や発言が、第三者にとっては理解不能なものとして現れる。彼らがなぜそのような行動や発言に及ぶのか、よくわからないのだ。ゆえに夫婦間の会話であっても、そこには常にもどかしい齟齬が生じてしまう。

「こちらもおかわり」とマイヤーズはウェイトレスに言った。「この店、どうも気に入らないな」、ウェイトレスが行ってしまうと彼はそう言った。

「ここの何が気に入らないのよ」とポーラは言った。「いつも来てるじゃない」

「ただ気に入らないんだよ」と彼は言った。「一杯飲んで、あとどっか別のところに行こう」

「お好きなように」と彼女は言った。

（レイモンド・カーヴァー『頼むから静かにしてくれ〈2〉』所収

「他人の身になってみること」中央公論新社）

カーヴァーがこうして、いっけん退屈に見える夫婦間の倦怠や噛み合わなさをじっくりと描写していくことには意図がある。こうした描写の先にこそ、〈他人の身になってみること〉の思いがけぬ困難が示されるのだ。それはたとえば、せっかくの訪問客を盗人だと言い張る配偶者に対しておぼえる無力感である。あなたとわたしは決して理解し得ない、という剥き出しの現実が生々しく現れた瞬間、われわれはどのように考え、行動すべきか。かくして〈他人の靴を履く〉ことがいかに難しい行為であるか、この短編からは読み取れるのではないか。

タクシーの運転手だって映画ぐらい観るのに

ことほどさように、〈他人の身になってみること〉がいかに困難であるかを考えれば、あらゆるコミュニケーションは、完全に相手の立場になることはできないという諦念から開始するほかないと思われる。かくして『マスター・オブ・ゼロ』は、さまざまな立場にある人々をつぶさに観察しつつ、〈他人の靴を履く〉という難題に挑み続ける。

人種的マイノリティ、移民、恋人を失った者、同性愛者、敬虔なイスラム教徒、セクハラに悩む者、ステレオタイプを押しつけられる者、肛門に電動歯ブラシを挿入したあげく病院へ駆け込む者、気味の悪い男性につけまわされる者……。どれもみな、この社会に確かに存在する、自分とは違う立場に生きている他者だ。彼らに対して、視聴者はどのような共感を抱くことができるか。

さまざまな他者の存在を描いていくなかでもっとも驚かされるのが、シーズン2、エピソード6「ニューヨーク、アイラブユー」だ。ここには耳の不自由な人物が登場するが、彼らの場面ではあらゆる音声が遮断され、完全に無音となるのだ。なんの前触れもなく、説明もされないまま、およそ8分にわたって続く無音状態のドラマ。スピーカーの故障と誤解する人が出ないだろうかと、余計な心配をしてしまうほどに実験的な場面である。この目も覚めんばかりの英断に、快哉を叫んだ視聴者は多いのではないか。耳が聞こえない人にとっての世界を疑似体験するこのシークエンスこそ、『マスター・オブ・ゼロ』が目指す〈他人の靴を履く〉経験をもっともよく示しているだろう。

加えて、耳の不自由な恋人の男女が相談するのが、オーラルセックスの回数を増やしてほしいというたわいもない（しかし当人たちにとってはそれなりに切実な）問題であるところ

デフと恋人のレイチェル。異人種カップルならではの悩みも多い。

に、このエピソードの秀逸さがある。ちゃんとナメてほしい、そう手話で訴えながら、両手の人差し指と親指を合わせて菱形のジェスチャーをする黒人女性。まさにこうした相談にこそ、耳の聞こえない人々の日々の暮らしがあるのではないかと思えてならない。ことほどさように、ユーモアの力で問題を身近な場所へと引き寄せる脚本のみごとさには圧倒されるばかりだ。

「ニューヨーク・アイラブユー」は、さまざまなマイノリティ、弱い立場にある人々の暮らしを掬い取って並べたものである。日常的な人種差別を笑顔でやりすごす高級マンションのドアマン。クラブへ踊りに行こうとして、入場を拒否されるアフリカ系のタクシー運転手。そして前述した、耳の不自由な恋人たち。彼らはみな、身に振りかかる面倒や理不尽を受け止めつつ日々を生きている。それにしても、なぜある者はクラブへ入れてもらえて、自分たちは入口で止められるのだろうか。どうして彼らは高級マンションで暮らし、われわれはドアマンとして彼らに奉仕しているのか。いかなる偶然で、彼らは耳が聞こえて、私は聞こえないのか。どのような巡り合わせでそのポジションが決まったのか、あらためて考えてみれば実にふしぎだ。

ゆえにわれわれは、〈なぜそれは自分でなくてはならないのか〉という根源的疑問にぶつかるほかない。むろん本作の語り口は軽くユーモラスだが、通底するのは社会の成り立ちそのものを問うような真剣な題材だ。

なぜ最初からぜんぶが決まってるんやろか

どうして私はこのような人間であるのか、という根源的な問いが『マスター・オブ・ゼロ』にはつきまとう。インド系アメリカ人であるデフのキャラクターは、本作の主演であるアジズ・アンサリの個人的な生い立ちがもとになっているが、彼はみずからのルーツに対して常に疑問を投げかける人物だ。なぜ自分の肌は褐色なのか。両親はどうしてイスラム教徒なのか。なぜ母親は、息子が豚肉を食べようとすると怒り出すのか（シーズン2、エピソード3）。こうした事実は、デフにとって永遠の謎である。彼はアメリカにおけるマイノリティだが、みずからのルーツを高らかに肯定するようなエンパワーメントを目指す主人公ではない。むしろ、いかなる理由で自分にはそのような属性が割り振られたのか判然とせず、その状況に首をひねっているかのようだ。

しかしこうした疑問は、どの国にあっても多かれ少なかれ生じるものではないだろうか。作家の川上未映子は、貧しい家庭に生まれ育った自分自身の生い立ちと、小説家としてともに仕事をする出版社勤務の編集者たち（彼らはみな高学歴で、裕福な家庭に育っている）との生い立ちの違いに驚愕しながら、こう述べている。

「なぜ自分が、そしてあなたが、そのどちらかに、あるいはそのあいだにあるグラデーションのどこかのポイントに割り振られねばならなかったのかについては、誰も答えることができない。なぜならそれはただの偶然にすぎず、そんなことに理由なんかないからだ」

（リン・ディン『アメリカ死にかけ物語』所収、特別エッセイ「『アメリカ死にかけ物語』によせて」河出書房新社）

人種や肌の色、性別、容姿、経済状況。それらはあらかじめ決められており、みずからの力だけでは如何ともしがたいものだ。私たちはみな、ある属性へ強制的に割り振られ、気がつけばそのように生まれついている。それ以外の選択肢はない。川上の言葉でいうなら「ベースにあるのは努力とは関係のない運」であり、彼女は「なぜ最初からぜんぶが決まってるんやろか」と困惑したという。「金持ちも貧乏もヤンキーもテキ屋もDVもバレエも役員も、ぜんぶ最初からそうだったとしか思えなかったからだ。誰かのせいだったり、誰かが望んだからそうなったというのではなく、なぜかそれは最初からそうだったとしか、子どものわたしには思えなかったのだ」（前掲書）。こうした前提に立てば、たとえ成功し、良い暮らしを送る人であっても、それが本人の努力のみで勝ち得た結果だとは言えないだろう。

ゆえに真の意味で〈他人の靴を履く〉とは、それぞれに所与の属性が、ただの偶然の集積にしかすぎないと認めなければ始まらないはずだ。仮に自分の父親がスキャットマン・ジョンだったとして（シーズン2、エピソード4）、それは本人の希望や努力とは無関係に決まってしまうものだ。あのにぎやかな曲がヒットしていた1994年、彼の子どもは何を思っていたのか（あるいはそもそも、スキャットマン・ジョンに家族はいるのか）、わたしにはよくわからない。そして視聴者はほんの一瞬だけ、もし自分の父親がスキャットマン・ジョンだったらと想像を巡らせ、〈他人の靴を履く〉疑似的な経験をするのだ。

15番目の候補者

こうして、さまざまな〈他人の身になってみる〉経験を深めていくなかで、デフはさらなる困難へと突きあたる。それは、彼自身がいつでも取り替え可能な存在ではないかという不安だった。そもそもデフは、自分自身のルーツに安易な信頼を置かず、所与の属性を疑う人物である。自己を決定づける属性はすべてただの偶然にすぎないと認識したのであれば、その代償として、自分の代わりなどいくらでもいるのではないかという恐怖と格闘しなくてはならない。

自分は本当に必要とされているのか？という問いは、『マスター・オブ・ゼロ』全体を通して何度も描かれるテーマである。恋愛や仕事など、さまざまな社会関係において、必要とされていない人、取り残された人物を描くことをアジズ・アンサリは好む。自分の存在が意味をなさなくなる瞬間の悲哀を、彼は見逃さない。これは彼の創作において突出したテーマであり、そこにはある種のオブセッションが見て取れる。彼はなぜこのように、自分が不要となる状況を描き続けるのか。

たとえばシーズン2、エピソード7「ドアNo.3」には、自信を喪失したマジシャンが登場する。彼はテレビ番組の収録に呼ばれるが、しょせん自分は「15番目の候補者」であり、必要とされていないだろうと嘆く。実際のところ、番組は当初予定していた出演者が呼べなかったため、くだんのマジシャンを代役として急遽招いたのであった。同情したデフはマジシャンを勇気づける説得を行い、番組でマジックを披露するよう真摯に伝えるのだが、そこには、アジズ・アンサリ特有の〈代替可能な存在に対するシンパシー〉が感じられる。自信を失ったマジシャンを鼓舞するくだりには、『マスター・オブ・ゼロ』の特徴である、他者に対してフェアであり同情的であるべきだという姿勢が発揮されている。マジシャンが自信を回復するくだりの妙なわかりやすさもコメディタッチで好ましく、そこには日々を生きていく無名の者たちへのさりげない愛情が込められている。

またシーズン2、エピソード4の「ファースト・デート」では、出会い系アプリを使って多数の女性とのデートを繰り返す主人公が描かれる。さまざまな相手と同じ飲食店へ行き、同じ質問をするデフ。毎回ワインで乾杯し、同じようにお互いの身の上話を交換し、同じようにタクシーで送る。むろん、アプリを使って女性に送るメッセージも、すべてテンプレートの文章をコピー・アンド・ペーストしたものだ。理想の女性と出会うための確率を上げようというデフの努力は全く功を奏さず、楽しいはずのデートは虚しいルーティンとなる。デートを繰り返すほど、ひとりひとりの女性の意味、出会いの重要性は薄れていく。続けるほどに空回りしていく異性関係。一方デフの父は、見合い結婚した母と不満もなく暮らしている。なぜそのようなことが可能なのか？

デフがさまざまな女性と会っているのと同様、相手もまた多数の男性と会っていることは間違いない。とある女性など、デフとのデート中に彼の目前でスマホを取り出し、出会い系アプリで男性候補の物色を始めてしまう。この場面でデフが感じた虚しさはいかほどか。「待って、アプリ見てる？　ひどいじゃないか。いまデートしてるんだよ」と彼は弱々しく抗議するが、女性は悪びれず「まだ10時だし、ほかの人に会えるかも」と答える。

デートの途中で相手の女性が出会い系アプリをいじり出してしまうという虚しさの極致に至って、デフの存在は意味をなさなくなり、アプリが表示する無数の男性たちの数百分の一にまで転落させられる。彼らは現実の男女に会いたいのか、それとも、いつか夢のような相手に会えるかもしれないという期待そのものに中毒しているのか、ほとんど区別がつかなくなっている。

しかし、デフの抗議がいかにも弱々しいのは、彼もまた同様に、相手の女性を記号のように扱い、選別しているためであった。そして彼は、このようにさまざまな女性と会い続ける自分は何者なのかというややこしい疑問にぶつかり、ただ困惑するのだった。

黒人女《ブラウン・シュガー》の何を知ってる？

これまで論じてきた、『マスター・オブ・ゼロ』における〈他人の靴を履く〉試みは、2017年のエミー賞を受賞したことでも知られる、シーズン2、エピソード8「サンクスギビング」において、最高のかたちで結実する。本作のあらゆるテーマを凝縮したかのような、繊細で美しいストーリーには圧倒されるほかない。物語は、感謝祭を祝う黒人一家を描く。デフの友人としてたびたび登場する女性デニース（リナ・ウェイス）が、このエピソードの中心人物となる。両親がイスラム教徒であるデフの家庭は、感謝祭を祝う習慣がない。そのため彼は子どものころから、デニースの家族とともにその日を祝ってきた。90年代から続く、デニースの家族とデフがともにすごしてきた、感謝祭のささやかな食事会。それは同時に、同性愛者であるデニースが自分自身のあり方を再確認する場でもあった、というあらすじだ。

恋人の前ではユーモアを欠かさないデフ。

デニースの母親は、マイノリティが社会で生きることの困難を誰よりも理解している人物だ。「マイノリティって何?」と訊く娘に「二倍働いても稼ぎが半分の人たちのことよ」と答える母親。彼女はデニースへ向かって「あなたは黒人で女性なんだから、三倍働かなくちゃね」と伝える。これが母親の冷徹な現状認識なのだ。

1999年の感謝祭。デニースはデフに、みずからが同性愛者であることを伝える。「何となく気づいてた」と答えるデフ。彼が母親には言わないのかと訊くと、デニースは「もし言えば、親は『何が間違っていたのか』と自分を責めるだろう」と答え、両親への告白は先延ばしにされる。デニースは、黒人社会におけるゲイの立ち位置もよく理解している。映画『ムーンライト』(2016年)が描いたように、黒人社会はゲイに対して冷淡だ。だからこそデニースは、自分自身を隠して生きなくてはならないと感じている。

娘が母親へ事実を伝えるのは、2006年の感謝祭を待たなくてはならない。意を決して「わたしはゲイなの」と話すデニースだが、母親は気が動転し、涙を流す。黒人であり、女性であることに加えて、ゲイであるとなれば、社会においては三重のマイノリティとなる。「苦労をしてほしくないのよ」と答える母親は黒人社会の圧力に怯え、まだ自分の娘が同性愛者であることを受け入れる準備ができていない。

2015年の感謝祭、デニースは初めて、交際相手の女性を家へ招く。感謝祭の場に恋人を呼ぶのは、デニースが本気であるしるしだ。しかし母親は、娘が連れてきた同性の恋人を心から歓迎できない。場の空気は終始重苦しく、食事が終わった後、母親は「恋人の背中をなでた、色目を使った」とつまらない理由で娘を責める。

物語は2017年の感謝祭で締めくくられる。何人かの交際相手との恋愛遍歴を経たデニースは、新しい恋人を自宅へ招く。恋愛での失敗もあったが、いま交際している相手は信頼に値するすてきな女性であるようだ。劇中、いくぶん冗談のように引用されるニュー・エディションの楽曲「Can You Stand the Rain」（1988年）だが、恋人とデニースの家族がハグし、料理がテーブルに並べられるくだりで流れるそのメロディはあまりに美しく響き、思わず胸がつまる。

それまで娘の同性愛については頑なな態度を崩さなかった母親だが、ついにデニースの手を取り、すてきな恋人ができた彼女を「よかったわね」（I am happy for you）と祝福するのだ。2006年にその事実を伝えてから、現実を認めるまでにかかった11年の時間。同性愛を認めないとは不寛容だと相手を裁いたり、反射的に論駁《ろんばく》にかかるのではなく、事実を受け入れるまでの長いプロセスを許容し、その過程に着眼したエピソードに胸が熱くなる。ついに母親は、娘の存在をなんの留保もなしに受け入れたのだと、静かに娘の手を握る母親の姿が伝えている。

かくして、感謝祭のテーブルを囲む人々（マイノリティたち）が手を繋ぎ食前の祈りを捧げる、あまりにもできすぎたショットで終わるこのエピソードにこそ、『マスター・オブ・

ゼロ』の意義が十全に表現されている。このラストショットを見ながら、多くの視聴者は、果たしてわれわれは〈他人の靴を履く〉ことができるのかと考えるだろう。むろん、それはほとんど不可能なほどに困難である。しかしそれでもわれわれは、いつの日か真の意味で他者へ共感できるのではないかという期待を抱かずにはいられない。なぜなら見知らぬ他者とはあまりにも魅力的で、彼らに何かを伝えたいという誘惑にはどうしても勝てないのだ。

(recommend)

『マスター・オブ・ゼロ』を観たあなたにオススメ!!

『ルーカス兄弟の脱力ライブ』(2017年) Ⓝ

双子の黒人コメディアン、キースとケニーによるスタンダップ。『22ジャンプ・ストリート』で彼らを知った方も多いだろう。テンションが高く声の大きなコメディアンが主流のなか、彼らののんびりとした芸風は日本人にも伝わりやすいだろう。銃規制、麻薬、警官の暴力などを題材にしつつ、オチをあらぬ方向へ脱臼させるマイノリティの視線。シャキール・オニールの映画ネタに観客大ウケ。

サンドラ・シスネロス『マンゴー通り、ときどきさよなら』(白水社)

1984年に出版された本書は、アメリカで暮らすメキシコ移民の娘エスペランサの毎日を描いた短編小説。ゲットーで貧しい生活をする少女の視点から見た世界は、まるで『フロリダ・プロジェクト』のように輝いている。しかし同時に、貧困や暴力、差別は至るところで人々を疲弊させ、少女を怯えさせる。こうした落差によって、マイノリティの置かれた立場はみごとに描写されるのだ。

リン・ディン『アメリカ死にかけ物語』(河出書房新社)

ベトナム系アメリカ人作家によるルポルタージュ。作者自身がアメリカを旅しながら、貧困にあえぐ人々と交わした会話の数々。そこから浮かび上がるのは、アメリカの経済、政治、社会がもはや取り返しのつかない破綻をきたしているという事実だ。〈他人の靴を履く〉試みを通じて、今のアメリカを力強くスケッチする1冊。日本にとっても他人事ではない、市井の人々の声。

Ⓝ: Netflix オリジナル作品

Gilmore Girls: A Year in the Life

ギルモア・ガールズ：イヤー・イン・ライフ

シリーズ最終回から10年近い時を経て、ローレライとローリー、そしてエミリーが帰ってくる。ギルモア家の女3世代、それぞれに訪れる変化を四季のなかで描く。

出演：ローレン・グレアム、アレクシス・ブレデル、ケリー・ビショップ
原作・制作：エイミー・シャーマン＝パラディーノ
配信：2016年

Netflixオリジナルシリーズ
『ギルモア・ガールズ：イヤー・イン・ライフ』
独占配信中

熱狂的なファンたちに新たなトラウマを残した
人気シリーズ続編——ギルモア・ガールズ：イヤー・イン・ライフ

山崎まどか

『ギルモア・ガールズ』は2000年から2007年まで、アメリカのCWで放映されたファミリードラマである。

　コネチカット州のスモールタウン、スターズホローを舞台にシングルマザーのローレライ・ギルモア（ローレン・グレアム）と彼女が10代で産んだ娘ローリー（アレクシス・ブレデル）の物語が描かれた。ローレライが家出した実家はWASPの富裕層で、保守的な両親は娘の生き方を認めていない。当然、ローレライ親子とギルモア家は疎遠だったが、成績優秀でハーバード大学への進学を目指すローリーが地元の高校から名門私立校チルトン・スクールに転校を許可される段になって、ローレライは実家との関係を改善せざるを得なくなる。授業料の支援と引き換えにギルモア家がローレライに出した条件は週に一度、金曜日に家族全員揃って実家でディナーを食べることだった。これをきっかけに、一度は途切れたもうひとつの母娘の関係がこじれながらも復活する。タイトルの「ギルモア・ガールズ」とはもちろんローレライとローリーのことだが、ローレライの母で、一見いかにもな上流階級夫人であるエミリー・ギルモア（ケリー・ビショップ）もまた母と娘のドラマに連なる大事な登場人物となっていく。

若々しくてロックミュージックやサブカルチャーに精通し、マシンガントークのお喋りで人を魅了するローレライは、ある種の10代にとっては理想の母親である。この場合、ある種の10代というのは文化系女子のことを指す。アメリカの青春ドラマ／映画にはサブカルチャーの知識に精通した文化系女子キャラクターが数多く存在するが、このドラマのローリー・ギルモアはその究極とも言える存在だ。ローリーは死ぬほど本と勉強が好きな優等生だったのである。

ローリーはチルトンに転校直前、公立校の校庭でメルヴィルの『白鯨』を読んでいるときに、スターズホローに越してきたディーン（ジャレッド・パダレッキ）という同級生のハンサムな男子に見初められる。親友で大のミュージック・フリークであるレーン（ケイコ・アジェナ）に瞳を輝かせてドーン・パウエルのようなマイナーな女性作家について語り、通学途中に読むための本を選ぼうとパニックになる。「読みかけの本が読み終わったときのためにもう1冊、ノンフィクションを読みたくなったときのためにさらに1冊入れようとすると、鞄に教科書が入りきらないの！」

アメリカのドラマ史上、これほどまでにリアルな読書好きのヒロインがいただろうか。ローリーと並列で語れる英語圏のフィクションのヒロインは『赤毛のアン』のアン・シャーリーくらいだろう。お喋りで魅力的なローレイライと読書好きのローリーは、アン・シャーリーを母娘としてふたつに割った姿なのだ。そしてふたりが暮らすスターズホローは、現代のサブカルチャー好きのためにアレンジされたプリンスエドワード島のシャーロットタウンである。町の人々が集まるタウン・ミーティングや、独立戦争を題材とした数多くのイベントが丁寧に描かれる様子は、まるで上質な少女小説だった。

モンゴメリー顔負けのディテールに早口で交わされる気の利いたセリフの応酬、そして日本人にとっては謎の多いプレッピーの生態などを織り込んでドラマはゆっくりと進行し、ローリーがイエール大学を卒業して、そのころ出始めたオンラインマガジンからの依頼でオバマの大統領選キャンペーンを追う取材に旅立つところで物語は終わった。

こうやって『ギルモア・ガールズ』本編について書いてみると、驚くほど地味なドラマだと思う。放映時にはコンスタントに人気はあったものの、爆発的な視聴率を稼ぐこともなく、エミー賞に輝くこともなかった。

続編を熱望するファンの声

ところが『ギルモア・ガールズ』には熱狂的なファンがいた。しかもそのファンの性質はファミリードラマやシットコムのものではなく、『スター・トレック』『スター・ウォーズ』のそれなのである。彼らは『ギルモア・ガールズ』ユニバースを愛している。試しに『ギルモア・ガールズ』の英語版ウィキペディアページから、その舞台となっている「スターズホロー」のページに飛んでみてほしい。街の規模やその歴史、年中行事などディテールが驚くほど細かに綴られているから。

その彼らの愛する『ギルモア・ガールズ』ユニバースの生みの親が、番組のショーランナーであるエイミー・シャーマン＝パラディーノと、その夫のダニエル・パラディーノである。多くのドラマが大人数のライターチームによって作られるなか、『ギルモア・ガールズ』はほぼすべての脚本をこのふたりが書いていた。だからこそ世界観に破綻がなく、小宇宙として完璧だったと言える（ちなみに、スターズホローの行事や街の歴史などの話に終始してストーリーが進まない回は、大抵ダニエル・パラディーノが担当している）。

しかし、こんなに長期間のドラマをふたりの人間だけで作っていると無理が出てくる。シーズン6でパラディーノ夫妻はCWと決裂し、『ギルモア・ガールズ』を降りてしまった。オリジナル・クリエイターの降板という憂き目にあったものの、最終のシーズン7もわりと破綻することなく『ギルモア・ガールズ』は終了した。しかし、ファンにはやはり不満が残る。どうしても続編を観たいという声が、9年間絶え間なかった。

しかもその声はマスコミにおいて絶大だった。決して数が多いとは言えない『ギルモア・

ガールズ』のファンは、物書きとなって大量にウェブメディアに流れ込んだのである。そう断言できるのは、あらゆる媒体のカルチャーブログのライターに必ずひとりはヒステリックなまでの『ギルモア・ガールズ』ファンがいて、番組を振り返ったり、続編を熱望したり、ファン・セオリーを披露するエントリーが絶え間なくネットに流れてくるからだ。女性誌やティーンファッション誌ならばまだわかるが、硬派なカルチャー系の雑誌や男性誌にさえも『ギルモア・ガールズ』担当がいるのである！

なかでも熱心だったのが、女優ズーイー・デシャネルとその友人がローンチしたウェブマガジン「HelloGiggles」だった。ここはミレニアル世代の女性ライターが中心で、『ギルモア・ガールズ』はど真ん中の世代である。普通の媒体の『ギルモア』担当はひとりだが、「HelloGiggles」には3人もいて、ひっきりなしに大量の記事が投入されていた。

そんな『ギルモア』番ライターたちのおもなフラストレーションは、以下のようにまとめられる。

1. ローレライとルークの結婚問題

シングルマザーのローレライ・ギルモアは、恋の話も絶えなかった。しかし視聴者は、ぶっきらぼうで口が悪いが人情味があり、何かにつけてローレライ母娘の面倒を見ていた馴染み

ローレライとローリーの友人のような親子関係はミレニアル女子の憧れだった。

のダイナーの店主ルーク（スコット・パターソン）と最終的に彼女は結ばれると信じていた。ところがローレライとルークが結婚間近だったシーズン6に、いきなり爆弾が落ちる。ルークの昔の恋人が知らないうちに彼の子どもを産んでいたのである。ティーンエイジャーになったその娘エイプリルがいきなり訪ねてきて、ルークの心は揺れる。迷う彼に傷ついたローレライが、ローリーの父親であり、自身の昔の恋人であるクリストファーと衝動的に結ばれてシーズン6は終わった。

ヴァネッサ・マラーノ演じるエイプリルは理系のさっぱりとしたキャラで、ローリーともまた味わいが違ういい子なのだが、この展開のせいで『ギルモア・ガールズ』ファンから「スターズホローのジャー・ジャー・ビンクス」と呼ばれるほど嫌われている。

シーズン7で関係は修復されたものの、ルークとローレライは結婚までには至らなかった。ファンはふたりが結ばれるところが見たかったのである。

2．最後のセリフ問題

コンベンションなどで常々、エイミー・シャーマン＝パラディーノは彼女が考えていた『ギルモア・ガールズ』のオリジナル・エンドについて言及してきた。番組放映中のかなり早い段階でその結末は用意されていたという。そしてそれは"Four Words"（4つの言葉）のセリフで完結する予定だったのだ。

この4つの言葉については長い間、議論の的となっていた。誰が、どんな状況で、この4つの言葉を口にするのか。さまざまなセオリーが持ち込まれ、予測が立てられたが、もちろんはっきりと答えが出るわけでもない。ファンはどうしたって、シャーマン＝パラディーノが考えていた「本当のエンディング」が知りたくて仕方がなかったはずだ。

3. ローリーとジェスの問題

実のところ、上記のふたつはファンにとって大した問題ではないのかもしれない。彼らが『ギルモア・ガールズ』の続編を望む真の理由はたったひとつなのだから。

ローリーと2番目の彼氏ジェス・マリアーノ（マイロ・ヴィンティミリア）の復縁である。ルークの甥であるジェスはシーズン2の第5話から登場。シングルマザーであるルークの妹に育てられたジェスは不良の道を歩みつつあり、さまざまな問題を起こしてニューヨークから伯父のいる静かな田舎町スターズホローに預けられたという設定だった。

見るからにバッドボーイで、大人に対する態度も悪い。しかしディーンという優しい彼氏がいるにもかかわらず、ローリーはジェスに惹かれていく。ジェスはロックミュージックとともに文学をこよなく愛する文化系男子だったのである。結局は別れることになったふたりだったが、彼らの短く熱烈な関係はティーンの憧れの的だった。ふたりはギンズバーグの『吠える』やアイン・ランドの『水源』について語り合い、ジェスはローリーにパンクロックのオーラル・ヒストリー『プリーズ・キル・ミー』を勧めた。でもジェスは高校をドロップアウトして父親の住むベニスビーチに引っ越してしまう。その後、ふたりの仲が戻ることはなかった。

ジェスが最後に登場したのはシーズン6。彼はフィラデルフィアで仲間とともにインディーズ出版社を経営するまでに成長していた。今度こそローリーと上手くいきそうだったが、この時のローリーにはすでにローガン・ハンツバーガー（マット・ズークリー）というエリートの彼氏がいたのである。

このふたりのすれ違いと、撮影時は実際に恋人同士だったというアレクシス・ブレデルとマイロ・ヴィンティミリアのケミストリーは、視聴者の文化系少女たちの心に傷を残した。3人いた彼氏のうち、ローリーは誰と結ばれるべきだったのか。当然、ジェスではないか。〝チーム・ジェス〟のファンたちは、いつも泣きながらにそう語っている。エイミー・シャーマン＝パラディーノも「時間はかかるかもしれないけれど、最終的にジェスとローリーは結ばれるはず」と一度発言している。ファンたちはその言葉を頼りに、ひたすら続編を待ち続けたのだ。

9年後のスターズホロー

2016年1月29日。ワーナーとネットフリックスによる『ギルモア・ガールズ：イヤー・イン・ライフ』の製作が発表されると、ネット越しに各メディアの『ギルモア』番たちの悲鳴が響き渡った。もちろん、オリジナルのクリエイター、シャーマン＝パラディーノ夫妻が復帰。エイミー・シャーマン＝パラディーノが大ファンだというBBCの『SHERLOCK／シャーロック』（2010〜17年）にならって、1話90分形式で4話作られるという。最終回から9年経った現代のスターズホローが舞台で、しかも新シリーズのラストには『ギルモア・ガールズ』の当初に予定されていたオリジナルのエンディングが見られるというではないか。

それから11月25日の配信日までのネットの、特に「HelloGiggles」の狂想曲は凄まじかった。彼らは公式の情報や関係者筋の発言だけでは飽き足らず、7年間続いた番組の膨大な数にのぼる出演者たちの「IMDb」や彼らのSNSに24時間体制で張りついて、誰が再登場するかをチェックし、わかったことは些細な情報でもネットに上げていた。

ローリーに一方的な愛憎を抱く同級生パリス・ゲラーを演じて人気だったライザ・ウェイル、主題曲を歌った縁で楽器屋の主人としてゲスト出演したキャロル・キング、レーンのバンド・メンバー役として一時期レギュラーだった元スキッド・ロウのセバスチャン・バック、そしてホテルの仕事でローレライの相棒であったシェフのスーキーを演じ、現在は大スターになってしまったために出演が危ぶまれたメリッサ・マッカーシー。結局、2014年に死亡したリチャード・ギルモア役のエドワード・ハーマンを除くほぼすべてのメンバーがリバイバルに集結することとなった。

これほどまでに配信前のフィーバーが凄かったネットフリックスのリバイバル作品はまずないと思うが、さて、『ギルモア・ガールズ：イヤー・イン・ライフ』はそんなファンの熱望に応えるものだっただろうか？

視聴者の興奮をよそに、『イヤー・イン・ライフ』は正編と同じテンポ感で、ゆったりと始まった。各エピソードのタイトルは四季の名前。冬編からのスタートだ。ローレライとルークは長らく同棲してカップルとしては落ち着いているものの、結婚はしていない。ローリーはフリーのジャーナリストとして成功しニューヨークで暮らしていたが、実はキャリアが停滞している。彼女は次の一手を考えるためにアパートを引き払って根無し草のような暮らしをしていた。一方、連れ合いのリチャードを亡くしたエミリーは塞ぎ込み、近藤麻理恵の『人生がときめく片づけの魔法』にハマって家の物をすべて処分しようとする有様。リチャードの葬儀での失態をきっかけに、エミリーとローレライの関係はまたこじれてしまっていた。解決すべき問題は山ほどあったが、『ギルモア・ガールズ』は決して展開を急がない。ダニエル・パラディーノが担当した春編と夏編は案の定、脱線し、スターズホローで小さな仕事を転々としながら生活している謎の住人カーク（ショーン・ガン）の新しい自主制作映画や、

理想的なスモールタウンと対照的な重苦しいギルモア家のWASP風俗も
今回が見おさめである。

町興しのための「スターズホロー・ミュージカル」のリハーサル・シーンにたっぷりと時間を割いていた。

その「スターズホロー・ミュージカル」で主演を演じたのが、短命に終わったパラディーノ夫妻の前の作品『バレエ・ガールズ〜パラダイスへようこそ〜』（2012〜13年）でヒロインを演じたミュージカル女優のサットン・フォスターである。彼女とローレン・グラハムはルックスも似通っている。このふたりとシャーマン＝パラディーノの最新作『マーベラス・ミセス・メイゼル』（2017年〜）のレイチェル・ブロズナハンを見ると、エイミー・シャーマン＝パラディーノの女優の好みがよくわかる。彼女は（自分と同じように）黒髪で頭の回転が速くて表情豊かか、そして（やはり自分と同じように）マシンガントークのできる女が好きなのだ。

母やルークとの関係に再び迷ったローレライは、まるでアルター・エゴのように自分によく似たサットン・フォスターの歌に感化され、映画『わたしに会うまでの1600キロ』（2014年）、あるいはその原作を真似て、パシフィック・クレスト・トレイルを歩き通す決意をする。結局、トレッキングは中止となるのだが、この旅の途中で彼女は母エミリーに電話をかけて和解する。そのシーンを観た『わたしに会うまでの1600キロ』の原作者シェリル・ストレイドは号泣して、母と娘に関する文をインスタグラムに投稿した。映画版の主演女優リース・ウィザースプーンも大喜びだった。夏編でローレライが持っていたのが、ウィザースプーンのブランド「ドレイパー・ジェームズ」のバッグだったからだ。
『イヤー・イン・ライフ』はようやく結ばれたローレライとルークの真夜中の抜き打ち結婚式と、ケープコッドで新たな人生を歩み始めたエミリーの姿で終わった。では、ローリーのほうはどうなったのだろう？

今回の続編で、もっとも物議を醸し出したのが30代となったローリーの姿だった。彼女は立派なキャリアを築いたはずだったが、この出版不況の世の中、フリーランスのライター事情は厳しい。是非とも寄稿してくれと頼んできたはずの媒体は冷たく、書籍の企画は頓挫。ローリーは屈辱的な経験を重ね、都会に居場所を失いスターズホローに戻って来てしまう。スターズホローにはローリーのほかにも、仕事が見つからなかったりクビになったりしてアイ・ターンしてきたミレニアル世代が数多くいて、「アラサー組」として徒党を組んでいた。リーマン・ショック以降の若者事情がギルモア・ガールズ・ユニバースに到来したのである。

宙ぶらりんで悩みが多い時期にローリーが相手として選んだのは、よりによって元彼のローガンだった。これには「HelloGiggles」のライターも読者もショックを受けた。正編の最終シーズンでは、新聞社を経営する父親の支配から逃れるために西海岸に渡ったはずのローガンだったが、しょせんは坊ちゃんだった。現在はロンドンを拠点としているローガンは結局、父親に取り込まれ、彼が選んできたと思しき相手との結婚が決まっていた。それにもかかわらず、ローリーはずるずると彼と関係を重ねていたのである。

『ギルモア・ガールズ』と『GIRLS／ガールズ』が示す、新たな幸せのロールモデル

そして最終回の衝撃的なFour Words（4つの言葉）である。

それはローリーとローレライのこんな会話だった。

「ママ」

「何？」

「私、赤ちゃんができた」

ポカンとした視聴者を残し、キャロル・キングの「地の果てまでも」がかかって、番組は非情にも終了。

つまり、ローリーはローレライの歴史を繰り返したのである。ローレライが坊ちゃんであるクリストファーの子どもを身ごもりながら彼と結婚することなく母親になったように、ローリーはシングルマザーとしてスターズホローで子どもを育てていくのだ。

このラストには賛否両論あった。ローリーはあんなに可能性に満ちたヒロインだったのに、こんな結末でいいのだろうか？

しかし、私はここに時代の流れを見る。ローリーが10代だったころと世界は変わり、それに伴って女性の人生設計も大きな変更を余儀なくされている。都会に住んで雑誌の世界で華々

しく活躍することだけが、幸せではないのだ。

　ローリーはジャーナリストとしての自分に限界を感じていた。地元メディアに落ち着いた彼女は、自分と母親、そして祖母エミリーの物語『ギルモア・ガールズ』をつづり始める。このエッセイ／私小説作家への転身は、10代のころに彼女があれほどフィクションを好きだったことを考えると、自然ではないだろうか。

　『イヤー・イン・ライフ』のこのラストはまた、ほぼ同時期に放送されていたHBOのドラマ『GIRLS／ガールズ』（2012〜17年）の最終シーズンの展開と重ね合わせてみると面白い。『イヤー・イン・ライフ』と『ガールズ』はそれぞれ、互いのことを引用している。『イヤー・イン・ライフ』には二度もレナ・ダナムの名前が出てくるし、『ガールズ』で妊娠したハンナは「ローレライ・ギルモアみたいなクールなシングルマザーになれるかもよ」と口にする。それぞれのユニバースにそれぞれがフィクションとして登場するというねじれ現象だ。

　『ガールズ』のヒロインのハンナも、ローリーと同じようにニューヨークで作家として成功することを夢見ていたが、不慮の妊娠によってシングルマザーになる道を選び、安定した職を求めてブルックリンからアップステイトへと引っ越していく。

　これは保守的な世界観や母性への回帰ではなく、新たな幸せのロールモデルを探して模索している女性の現実をリアルに描いた結果なのだろう。

そしてジェスである。みんなが待ち望んだジェスは第3回目となる夏編、7分21秒経ったところで、ようやく登場した。母親の問題でルークに会いに来たついでに、立候補してスターズホロー新聞の編集長に就任したローリーを表敬訪問しに来たのだ。マイロ・・ヴィンティミリアがすでに『THIS IS US 36歳、これから』（2016年〜）の撮影に入っていたこともあって、かつてよりもずっとたくましい体型に大人の風情を漂わせてジェスは帰ってきた。ローリーが「デイヴ・エガーズ（の運営する非営利団体McSweeney's）も真っ青って感じ?」と言うところをみると、経営するインディーズ出版社も好調のようだ。このシーンのジェスの滞在時間はわずか4分10秒。しかし、ジェスは落ち込むローリーを励まし、彼女の身近な題材に目を向けさせた。ローリーに『ギルモア・ガールズ』を書くように勧めたのはジェスなのである。「HelloGiggles」のライターが書いたように、ローガンが4エピソードかけてめちゃくちゃにしたローリーの人生を、ジェスは5分足らずで救ってみせたのだ。

ジェスの最後の登場シーンは秋編、ローレライとルークの結婚前夜。彼はソファでカール・オーヴェ・クナウスゴールの『我が闘争』の第2巻を読んでいた。結婚準備でにぎやかなローレライの家を後にするとき、ジェスはふと振り返って窓越しにローリーの姿を見る。愛しさと切なさの入り混じったその視線を見れば、一目瞭然である。ジェスはまだローリーを愛している。

もうこれで充分ではないかと思うが、やっぱり満足しないのがチーム・ジェスのギルモア番ライターたちだった。顔を合わせるシーンが2回しかなかったにもかかわらず、「HelloGiggles」は「ローリーの子どもの父親はジェスではないか」というセオリーを発表。エイミー・シャーマン＝パラディーノが「このドラマは主人公が誰と結ばれるかっていうのがテーマじゃないの！」とインタビューで怒る始末だった。

「HelloGiggles」はその後も「スターズホロー・ミュージカル全曲ランキング」「ローリーがロンドンに行くときの旅費はどうなっていたか」「マイロ・ヴィンティミリアが、ジェスはローリーの子の父親ではないと2度目の否定」など、味がしなくなった後のガムを噛みしめるような記事を連発。しまいには「いい加減飽きました」「こういう姿勢がいい番組の評価を落としていくんです」というもっともな意見がコメント欄に寄せられるようになった。「HelloGiggles」に「さすがに『イヤー・イン・ライフ』のシーズン2はあきらめた方がいいのかも」という番組についての最後の記事が載ったのは、番組配信から1年経ったころだった。

(recommend)

『ギルモア・ガールズ：イヤー・イン・ライフ』を観たあなたにオススメ！

『好きだった君へのラブレター』（2018年）Ⓝ

歴代の好きだった男子たちにこっそり書いていたラブレターを勝手に投函されてしまった主人公。優等生のヒロインが恋やアイデンティティに揺れる様子が丁寧に描かれていて、『ギルモア・ガールズ』ファンにもおすすめ。ヒロインがアジア系だというのが新時代。

『マーベラス・ミセス・メイゼル』（2017年〜）

シャーマン・パラディーノ夫妻による新ドラマは、1950年代終わりのニューヨークが舞台。突然、夫に捨てられた主婦がダウンタウンのクラブでスタンダップ・コメディアンを目指すというストーリーで、パラディーノらしいマシンガントークが炸裂。ゴールデン・グローヴやエミー賞を総なめにした。

『THIS IS US 36歳、これから』（2016年）

36歳の誕生日を迎えた、一見なんの繋がりもない4人の主人公。しかし、彼らは家族だった。泣かせる家族ドラマをトリッキーな構成で見せて、全米で人気のドラマ。マイロ・ヴィンティミリアは双子の実子と黒人である養子の3人を育てる誠実な父親を熱演。再び人気が爆発した。

Ⓝ：Netflixオリジナル作品

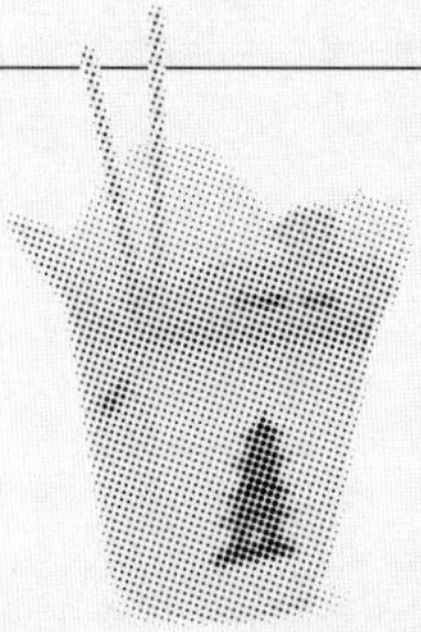

Love

ラブ

反骨精神旺盛なミッキーとお人よしのガス。正反対のふたりのドキドキやガッカリを通して描かれる今どきの恋愛模様。ジャド・アパトーが手がけた新感覚ラブコメディ。

出演：ジリアン・ジェイコブス、ポール・ラスト、クローディア・オドハティ
原作・制作：ジャド・アパトー、レズリー・アルフィン、ポール・ラスト
配信：2016〜18年

Netflixオリジナルシリーズ
『ラブ』
シーズン1〜3独占配信中

愛することの修練についての物語——ラブ

常川拓也

「愛は求めれば与えられると言ったわね。わたしはずっと求めてきたけど、何も得ていない。ずっと愛を求めて待ち望んできたけど、愛を求めて人生が台無しになった」

アルコール依存症であるミッキー（ジリアン・ジェイコブス）は回復のための12ステップ・プログラムに取り組みながらも酒を断つことができず、しつこく復縁を迫るコカイン依存症の元カレのエリック——LAのハードコアパンクバンド、サークル・ジャークスのTシャツを着ている——との体の関係も拒めないままでいる。未だに両親と同居している彼から屈辱的な侮辱を受けたミッキーは、呼び出された深夜の礼拝で、睡眠薬でハイになりながらこのようにスピーチする。ミッキーにとって、愛はセックスと同義であり、彼女は愛への幻滅を開幕早々いきなり吐露するのである。

そんな最悪の状況下で彼女がコンビニで財布を忘れて困っていると、長年一緒に暮らしてきたガールフレンドのナタリーに、浮気したフリまでされて振られてしまったばかりのガス（ポール・ラスト）が現れる。彼が代わりに代金を支払ってあげたことで、ロサンゼルスを舞台にしたこの物語は始まっていく。ここでガスはかっこつけて返済する必要はないと述べるが、ミッキーがヒーローぶられることを拒否することで、しばらくふたりは行動をともにすることになる。『ラブ』は、それぞれ愛の意味を見失った対照的な男女――喧嘩っ早く口汚いクールガールと神経症的なお人よしのナイスガイ――両方の視点を交互に描いていきながら、人生の困難な時期に直面した30代の彼らが、なんとか生活を立て直そうと努力する姿を忍耐強く追っていくのである。

コメディ界のカサヴェテス、ジャド・アパトー

ジャド・アパトーが製作総指揮を務める『ラブ』は、主演を務めるポール・ラストとその妻で脚本家のレズリー・アルフィンの実話に基づいている。といっても、完全な伝記的物語ではない。中西部の小さな町のカトリック一家で育ったラストと、過去に薬物中毒の克服に取り組んだ経験を持つアルフィンがお互いに出会う前の数年に基づき、彼らの関係が反映された物語である。

劇中で、架空のテレビドラマ『ウィッチタ』のスタジオで12歳の子役アーリヤ（アパトーの次女アイリス・アパトー）の個人指導員を担当しているガスは、友人たちと主題歌のない映画の

ためにエンディングに流れるようなテーマ曲を作るという変わった趣味を持っているほど、ジャンル映画や音楽を愛する人のいいナードだ（ここで登場するランディ役のマイク・ミッチェルやクリス役のクリス・ウィタスク含め、ガスの友人たちの多くはポール・ラストの出身である即興コメディ劇団「アップライト・シチズン・ブリゲイド」の実際の友人たちである）。

それに対して、衛星ラジオ放送局でプログラム・マネージャーを務めるミッキーの周りにはお洒落なヒップスターたちがいる。ハリウッド・ヒルズの彼女の友人宅でのパーティーにガスが誘われるエピソードでは、90年代に活躍したロックバンド、ロイヤル・トラックスのジェニファー・ヘレマやスケーターのジェイソン・ディルなど本物のミュージシャンやプロスケーター、写真家がカメオ出演しているが、彼らの多くは実際にレズリー・アルフィンの知り合いである。なかでも、パーティーのホストである友人夫妻をインディロックバンド、イールズの〝E〟ことマーク・オリバー・エヴェレットと、同じくロックバンド、モーニングウッドのシャンタル・クラレットが演じ、最終的にはガスがそのEとともにポール・マッカートニー＆ウィングスの「Jet」を弾く──アパトーはビートルズのファンとして知られているユニークな場面まで用意されている。『ラブ』に先んじてアパトーは監督第四作『40歳からの家族ケーカク』（2012年）でEを本人役でカメオ出演させていたものの、結局、本編では使用しなかった。『ラブ』では彼の再登板が実現している。

どちらもディズニーのネズミの名前を持つミッキーとガスはこのように一見すると相反す

るタイプのように見えるが、初デートで訪れたマジック・キャッスルでヴァイオレント・ファムズを一緒に合唱する場面があるように、共通する部分もある。また、ミッキーが車内でデ・ラ・ソウルからオープン・マイク・イーグルやグレイヴディガズまでを聴いていることを思い出せば、アルフィンの好みが投影された彼女もまたナーディな音楽趣味を持っていることがわかるだろう。

ラストは出演作『ピーウィーのビッグ・ホリデー』（2016年）で、アルフィンは脚本を担当した『GIRLS／ガールズ』（2012〜17年）で両作品を製作したジャド・アパトーと関わっていたわけだが、ふたりが『ラブ』の映画化の企画をアパトーに相談すると、彼は「そのアイデアは気に入ったが、ふたりの男女が出会った瞬間からゆっくりと掘り下げていくテレビ番組として好きだ」と語ったという。アパトーは、「（自身の監督第二作である）『無ケーカクの命中男／ノックトアップ』（2007年）がもしテレビシリーズだったら？」という以前より抱いていた構想を、ラストら夫婦の関係を描いた物語と重ね合わせたのだろう。妻であるレスリー・マンを妊娠させてしまったみずからの結婚体験に基づいた『無ケーカクの命中男』は、酔った勢いでアリソン（キャサリン・ハイグル）と一夜の関係を結んだ、年中マリファナばかり吸っている無職のボンクラであるベン（セス・ローゲン）が生き方を見つめ直し、彼女の妊娠に立ち会って家族になるところで終わる映画だった。アパトーは『ラブ』の構想について次のように話している。「もし次の日、さらにその翌日に、あのふたりの関係がどのように展開するかを見せることができるならどうするか。わたしはこのアイデアを気に入っています。わたしの映画が長くなってしまう理由のひとつは、それぞれのキャラクターたちを探ったり、彼らの浮き沈みを追うためには、もっと多くの時間が必要だと思うからです。だからこのアイデアをネットフリックスのシリーズ作品でやれれば、途中でトイレに行くために一時停止を挟みながら観る5時間の映画のようでいいのではないかと考えました。5時間の映画というのは、わたしの究極の夢なのです」

ジャッド・アパトーの名を最初に広く世に知らしめたのは、彼の盟友ポール・フェイグの少年時代を反映させた傑作ドラマ『フリークス学園』（1999〜2000年）だった。以来、彼の作品に登場する主人公は、不真面目な落ちこぼれや子どもっぽいオタクばかりである。下品で幼稚なモテない男たちが仲間といちゃいちゃ楽しく遊んでいる「ブロマンティック・コメディ」を次々と生み出してきた彼は、いつも勝ち目のない者たちへの讃歌を送り続けてきたのだ。それと同時に、セス・ローゲンやポール・ラッド、ジェイソン・シーゲル、マーティン・スター、ジェイ・バルチェル、ジョナ・ヒルなど新たな才能の原石を見いだしては、指導者として脚本の書き方や製作の段取りなどを伝授する「ミニスタジオ」とも呼ばれる特異な製作スタイルを構築。有望な才能を擁護することによって、のちの成功の種を蒔いてきたのである。自身の高校時代を基に親友のセス・ローゲンと『スーパーバッド 童貞ウォーズ』（2007年）の脚本を手がけたエヴァン・ゴールドバーグは、アパトーの教育のおかげで科学的に映画作りのノウハウを飲み込むことができたと感謝を述べ、「彼は映画界のヘンリー・フォードみたいな存在で、何があっても面白い映画を保証するシステムの作り方を考え出したのです」と説明している。だからこそ、アパトー作品について考察したドキュメンタリー『ディス・イズ・コメディ〜ジャド・アパトーとその仲間〜』（２０１４年）を作った仏の映画批評家ジャッキー・ゴルドベルグが主張する通り、アパトーは「ここ数十年でアメリカのコメディ界で王様のような存在」になれたのである。

また、『無ケーカクの命中男』で妻レスリー・マンと実娘モードとアイリスに母娘役を演じさせ、そのスピンオフ『40歳からの家族ケーカク』では、自身を「自分のアップグレード版」であるポール・ラッドに投影させて、アパトー家の日常を丸々描いた彼の感性は、リアリティと現実的な感情に根ざしていると言える。『スーパーバッド』の監督グレッグ・モットーラはアパトーを「コメディ界のカサヴェテス」と形容するが、もちろんそうした製作スタイルは単に私生活をさらけ出すことを狙ったものではない。現実的で深く個人的であることを求め続けるアパトーの倫理とは、感情的な誠実さなのである。

ステレオタイプを覆すヒロインたち

そのようなアパトーのキャリアのなかでひとつの転換点が、彼が『サタデー・ナイト・ライブ』（1975年〜）出身のクリステン・ウィグを脚本と主演に迎えて製作した『ブライズメイズ 史上最悪のウェディングプラン』（2011年）にある。メリッサ・マッカーシーにアカデミー賞助演女優賞をもたらしたこの映画を機に、今度は率直で大胆な女性主導のコメディの可能性をアパトーは見いだしたのではないだろうか。だからこそ彼は、インディペンデント映画『タイニー・ファニチャー』（2010年）を作った当時はまだ若干23歳だったレナ・ダナムの才能に惚れ込み、「欠点と衝動を描く彼女の感情表現にシンパシーを覚えた」と賞賛したのだろう。

レナ・ダナムは、自己投影的な一人称の語り口でもって、自意識過剰ゆえに惨めな失敗や過ちを繰り返す若い女性の模様を、気取りのないユーモアを交えて正直に描くことを達成していた。彼女にその方法論を拡大させ、製作総指揮から主演までを一任したドラマ『ガールズ』をサポートしたことで、アパトーは大きな手応えを得たようだ。「『ガールズ』の製作を開始したとき、それはテレビでインディペンデント映画を撮る方法のように感じました。わたしたちは、レナが『タイニー・ファニチャー』で何を試みたのかを把握し、どうすればそれをHBOの毎週の放送で描けるかを模索しました。『ガールズ』が、テレビで今まで観た

教会で失くした財布を取りに行くため、ミッキーはガスを車に乗せることに（シーズン1第2話）。道中、二日酔いのミッキーは気分を上げるため車内でホットボックス（密閉された場所でマリファナを堪能すること）をするが、マリファナに不慣れなガスは充満する煙に耐えられずすぐに窓を開けてしまう。そんな様子からも、ふたりの嗜好の違いがわかる。その後、ガスを家へと送ろうとするミッキーに対して、ハイになっていた彼は誤って自宅ではなく別れたばかりの元カノの家の住所を伝えてしまうのだった。

ことのなかったような方法で正直に人間関係やセクシュアリティを描写したことは、視聴者を勇気づけていたような気がします。滅多にテレビで探求されてこなかったものについて彼女が語ることによって、多くの壁を壊したと思う」

『ラブ』は、それまでアパトーが試みてきたことの延長上にあると言える。『ガールズ』やアパトーの監督第五作『エイミー、エイミー、エイミー！』（2015年）で取り組んだ、人々から期待される適切な行動規範とされているものに従わないナルシシスティックなヒロイン像は、本作のミッキーにも引き継がれている。彼女もまた衝動的に行動し、他人より自分の利益になりそうな間違った選択をしてしまう自分本位の厄介な皮肉屋である。

このようなミッキーの自己破壊的な造形には、レズリー・アルフィンによる関心も大きく作用している。彼女にとっての「ヒーロー」は、ヒロインでありながら大麻を吸う『ハロウィン』（1978年）のジェイミー・リー・カーティスなのだという。紋切り型のアルコールや薬物の中毒者ではなく、よりグレーでリアルなミッキーの造形はここに由来する。『ヘザース ベロニカの熱い日』（1988年）のウィノナ・ライダー演じるベロニカや『セックス・アンド・ザ・シティ』（1998〜2004年）のサラ・ジェシカ・パーカー演じるキャリー・ブラッドショーにもインスパイアされたミッキーは、ハリウッド映画で要請される伝統的な素質を欠いた、女性のアンチヒーローとして描かれているのだ。不敵で複雑なニュアンスを持った性格である分、下手にやれば観客に混乱も招きかねない難しい役どころを、クラシカルな美貌を持つジリアン・ジェイコブスがみごとに演じきっている（ちなみに彼女自身はタバコも大麻も吸わないそうだ）。

アパトーらは、当初からジリアン・ジェイコブスを念頭に置いて脚本を執筆し、『ガールズ』撮影開始前の彼女に出演を依頼したという。彼女が優れているのは、どこかキャラクターが傷ついていたり壊れていたりしても、その魂を守りながら繊細に演じられることであり、たとえ人の神経を逆なでするような人物であったとしても、観客に共感を抱かせる能力があることだ。脚本を読んだレナ・ダナムが推薦し起用された、マイク・バービグリアの監督第二作『ドント・シンク・トワイス』（２０１６年）でも彼女は、夢と現実の狭間で揺れながらも信念に邁進する、失敗を恐れないヒロインを名演していたことも記憶に新しい（『ラブ』ではベティ・デイヴィス、『ドント・シンク・トワイス』ではキャサリン・ヘプバーンやジーナ・ローランズの物真似を披露している）。なお、ジリアン・ジェイコブス自身はミッキーのアルコール依存症の父との緊張関係を通して彼女の過去を窺い知れる、シーズン2の第8話をお気に入りに挙げている。

また、常時半開きの口がチャーミングなオーストラリア出身のクローディア・オドハティ――『エイミー、エイミー、エイミー！』に出演したビル・ヘイダーから彼女のオンライン動画を紹介された主演のエイミー・シューマーとジャド・アパトーが気に入り、小さな役で起用されたことに引き続きアパトー作品に登用された――が演じる、ミッキーのルームメイトであるバーティに対しては、真逆のアプローチが取られていることも興味深い。いつも陽気で親切なバーティだが、煮え切らない無職の彼氏ランディに別れを切り出せずにいる状況で、彼女は優しく頼りになるほかの男に惹かれてしまうのだ。これは、おそらく正反対の性格のミッキーが、ガスとの関係が不安定になったときに現れた元カレのダスティン――演じるリッチ・ソマーはネットフリックスのオリジナルドラマ『GLOW：ゴージャス・レディ・オブ・レスリング』（2017年〜）でも、同様に執念深く未練がましい保守的な男性像を体現している――と再び肉体関係に陥ってしまうことと対になっている。つまり、愛らしく純真な女性が浮気をした場合についても探究しているのである。『ラブ』は彼女のような女性の人生も尊重して描くことで、主人公に助言を与える単なる相談役のような、ロマンティック・コメディにおける親友役の陳腐なステレオタイプをも覆しているのだ。

〝メサイア・コンプレックス〟という名の男のファンタジー

一方で男性に関しては、アパトーは一貫して大人になりきれないナイスガイを扱ってきた。本作のガスもまたそのひとりである。たとえば、真実の愛だと信じていた元カノのナタリーとの関係も欺瞞だったことを悟ったガスが、自暴自棄になって彼女の家に置いていた映画の

ガスとの仲を改善させたいミッキーはなんの連絡もなしにガスの職場に突然現れるが、彼は彼女の独善的で気まぐれな行動に苛立ち、『ウィッチタ』のスタッフやキャストの目の前で激しい口論になる（シーズン1第9話）。ここでミッキーは『ラブ』の舞台でもあるLAのバンド、ビーチ・ボーイズのTシャツを着ているが、シーズン2の第6話では同郷ニュージャージー出身のブルース・スプリングスティーンのTシャツを着用。こういった細部も含めて、音楽が物語の背景やキャラクターの性格を描く上で有機的に機能している（なお、ポール・ラストによれば、使用楽曲の多くは編集時に決められ、その大部分をアパトーが担ったという）。

ブルーレイをミッキーが運転する車の窓から捨てる場面がある。彼はポップカルチャーで描かれる恋愛やロマンを信じ、ともに関係を築いていくことで愛は深まっていくものだと思い込んでいたのだ。しかし、それらはすべて現実とは違う。彼は、そういった物語の主役ではなかったのである。ここで思い出すのは、『(500)日のサマー』(2010年)でグリーティングカード会社に勤める主人公トム(ジョセフ・ゴードン=レヴィット)が「こういうカードや映画やポップスが嘘を売っている」と自分の仕事に嫌気が差してしまう場面だ。このふたつの場面は共鳴し合う。どちらも女性に対してある種の幻想を抱いていたのだ。彼らは、映画で観たようなロマンティックな恋愛観のなかに自分を閉じ込め、夢見がちに理想的な愛ばかりを追い求めていたのである。

では、なぜ元カノは浮気したフリまでして、ガスとの関係から逃れたがっていたのだろうか。彼女は、「悪人よりタチが悪い偽善者だから」とその理由を挙げていた(ミッキーも全く同様のことを指摘する)。ガスには、犠牲を払って尽くすことが美徳だとする心理が働いていたのかもしれない。ミッキーから仕組まれたパーティとのデートのときに、ガスは「態度の悪いウェイターに対しては30%のチップを渡すんだ。自分の態度を恥じるようにね」と発言しているが、控えめで臆病に見えるガスのなかには受動的攻撃行動が潜んでいるのだ。だから元カノは疲れたのである。怒りを上手く抑えられない癇癪を持ったガスは自分自身の問題には全く自覚がないが、その代わりに相手の欠点や弱点を目ざとく見つける神経症的な性格が見受けられる。ガスは誰からも嫌われないようナイスガイとして振舞っているが、他者に責任を転嫁する被害者意識をその下に隠し持っているのである。

また、ミッキーは酒やドラッグを絶ち、ガスとも焦らず健全な関係を育もうとするが、彼はしばしば彼女の断酒が続いているかを熱心に見張っているかのようなプレッシャーを与えている。喫煙の本数が増えているミッキーを一見気にかけるそぶりを見せつつも、「頑張ってるから偉いよ」などと実際は彼女に対してたびたび庇護的な態度を取っている節が窺える。ミッキーはそのようなガスの態度を恩着せがましく思い、「彼は時々、わたしを変えようとしてる気がする」とすら感じることがあるようだ。それは、おそらくある意味では的を射ているだろう。ガスにとって、ミッキーは精神的に自立できていない社会性を欠いた問題のある女性で、自分は狂った女の子を救うことができる英雄なのだと認識しているのかもしれない――ガスは、そのようなメサイア・コンプレックス、あるいはカメリア・コンプレックス（どちらも人を助けることで自分を満たそうとする心理状態の意）というファンタジーも抱えているのである。

アパトー作品が長い理由

『ラブ』のシーズン1は、ミッキーが最初にガスと出会ったコンビニの前で、彼女が薬物やアルコール、セックス、恋愛の依存症であることを彼に告白し、キスする場面で終了する。伝統的なロマンティック・コメディの形式であれば、ここでふたりの主人公がついに結ばれて終幕を迎えるはずだが、シーズン2はその告白の場面の直後から始まる。ミッキーは交際するつもりではなく、単に自分の抱えている問題だけを伝えて帰るつもりだったのである。人生のなかでもがく人々を描くアパトーの関心は〝ハッピーエンド〟の後も続く彼らの生活にこそある。「『ラブ』は、標準的なロマンティック・コメディとは少し異なっています。彼らが出会った瞬間からカップルに起こるすべてのことについてのドラマです。ふたりの関係がどのように働くかについて、ありとあらゆる詳細をじっくりと描いています。通常であればスキップしてしまうようなすべての瞬間を映し出しているのです。それはとても楽しい挑戦でした」

アパトーの映画は、しばしば長すぎると批判されてきた。彼が作るような一見、下ネタ満載のコメディであれば、普通スタジオや観客からは90分前後の上映時間が期待されるが、彼の監督作は最短でも『40歳の童貞男』（2005年）の116分であり、『素敵な人生の終り方』（2009年）に至っては146分もあるのだ。「私は90分で物語を語るのが簡単だとは思わないんです」とアパトーは笑うが、彼はそういった慣習に従おうとしてこなかった。アパトーは男女双方の視点から恋愛関係を緩やかなテンポで見つめることによって、お互いが最初は相手に秘めていた性格や問題が徐々に明らかになり、彼らがそれを理解していくプロセスを考察しているのである。社会心理学者エーリッヒ・フロムは「愛は技術である」と言ったが、『ラブ』はその習練についてのドラマなのだ。

「愛はただ起こるのではない。私たちはそれを選択しなくてはならない」――思えば、『ラブ』シーズン1の第1話において牧師はこのように説く。アパトーの描く愛とは、意志と決断に基づいた行為なのだ。ポール・ラストは次のように断言する。「一部の人々は、『ラブ』というタイトルを皮肉なものとして解釈しました。だけど僕にとって、これは誠実なものです。僕たちが愛を認めなければならないという考えは、愛についての率直な見解です。彼らがお互いに好きであることを認めるには、しばらく時間がかかります。ただ受け取るのではない。愛には多くの労力を要するのです」

『無ケーカクの命中男』で精神的に未熟なベンに愛想を尽かしたアリソンは「いい人だからって、わたしたちが一緒にいる理由にはならない」というようなことを告げる。アパトーの作品には、英雄も悪人も登場しない。直面している問題に上手く対処できない人々が、自分自身を理解し、できる限りの最善を目指そうとするのである（その点で、『ラブ』ではセルフヘルプが重要な機能を果たしている）。ゆえに、次第にミッキーに感化されるガスとは異なり、バーティの彼氏であるランディがニートのまま変化を遂げないならば、彼女との関係の悲劇的な結末は必然だろう。

暗い場所から抜け出して、自己改善すべく新しい人生を歩み出したミッキーに向けて、ダニエル・ジョンストンの名曲「True Love Will Find You In the End」（ベックによるカバー版）を捧げたシーズン2の終わりは、あまりに繊細で優しく、感動的だ——〝本当の愛が最後に君を見つけてくれる／おまけつきの約束だよ 君が探せばそれは見つけてくれる／本当の愛だって君を探してるんだから／でも君が光のなかへ歩き出さなかったらどうやって君のことがわかるだろう？／だからまだ諦めないで 本当の愛が最後に君を見つけてくれるから〟

(recommend)

『ラブ』を観たあなたにオススメ!

『ユニークライフ』(2017年〜)Ⓝ

ジェニファー・ジェイソン・リーが製作と出演を兼ねるNetflixのオリジナルドラマ。自閉症スペクトラムの18歳の高校生サムとその家族の模様が軽快なユーモアを交えて描かれる。あまりにピュアで真面目な主人公が電気店で働き、その同僚が奥手な彼に恋愛指南をする構成は、アパトーの監督第一作『40歳の童貞男』と重なるものがある(モテるための振舞いを教えるのがインド系のオタク少年である点も新鮮)。また、主演のキーア・ギルクリストは『なんだかおかしな物語』でも内気で人付き合いが苦手な少年を演じていたが、絵を描くことで自身の強みや喜びを見いだすという点でも両作は近い要素を持つと言える。兄サムを守る妹役ブリジット・ランディ=ペインが素晴らしい。

『ドント・シンク・トワイス』(2016年)

ジャド・アパトーが絶賛した『スリープウォーク・ウィズ・ミー』のマイク・バービグリア監督第二作。理想と現実の狭間で生きる売れない即興コメディ劇団の悲哀を描いた群像劇で、ジリアン・ジェイコブスが主演を務める傑作ドラメディ。ボブ・ディランの名曲からタイトルを引用した本作をエドガー・ライトも2016年のベスト・インディペンデント映画の1本に挙げた。ベン・スティラーとレナ・ダナムも本人役でカメオ出演している。

ウィルコ『Wilco (The Album)』(2009年)

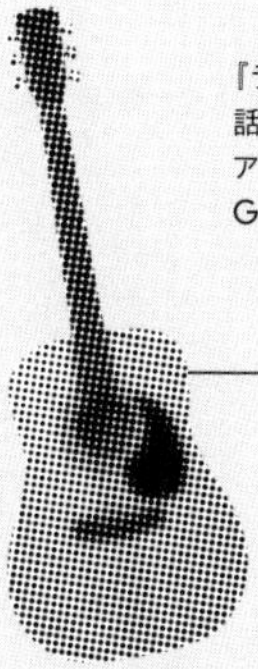

『ラブ』シーズン1最終話のエンディング曲「I'll Fight」とシーズン3最終話のエンディング曲「You and I」が収録されたウィルコの7thアルバム。アパトーは『40歳からの家族ケーカク』でもエンディングに彼らの曲「I Got You」を使用するなどウィルコの大ファン。

Ⓝ:Netflixオリジナル作品

BoJack Horseman

ボージャック・ホースマン

90年代、その喜劇俳優は誰かれも愛される存在だった。あれから20年、彼は……気難しい中年に！ そのハートは今でも美しく……まぁ、多少の汚れは気にしない！？

出演：ウィル・アーネット、アーロン・ポール、エイミー・セダリス
原作・制作：ラファエル・ボブ＝ワクスバーグ
配信：2015年～

Netflixオリジナルシリーズ
『ボージャック・ホースマン』
シーズン1～5独占配信中

酸いも甘いも噛み分けた厭世馬の痛み
――ボージャック・ホースマン

真魚八重子

なんと厭世観に満ちたアニメであろうか。『ボージャック・ホースマン』はコメディとして優れた作品でありながら、同時にこの世で生き続けることへの倦《う》んだ精神をはらんだ、ギリギリの瀬戸際を歩むような気配に満ちている。

主人公のボージャック・ホースマン（ウィル・アーネット）は馬だ。このアニメの世界ではさまざまな動物が擬人化されており、人間も動物の一種として存在する。多種多様な彼らは現代人の文化のなかで暮らし、恋愛も哺乳類や水中動物、鳥類などの間でも差異は関係なく成立する設定となっている。職業は動物の特性に従っている場合もあるが、それは得手を仕事にしているといった程度の意味合いしかなく、猫も鳥も爬虫類も普通にサラリーマンだったりする。

ボージャックは90年代に『馬か騒ぎ』というテレビのシットコムで主役を演じ、一躍お茶の間の人気者となった。しかし長く続いた番組も人気低迷とともに終了し、彼はそれ以降、芸能界から距離を置いて過ごしてきた。それはなまじっかなことをして評判を落としたくないという自尊心や、新しい仕事は面倒という自堕落さゆえだが、彼は無為に日々を過ごすうちに、いわば忘れられた芸能人となっていく。だが2010年代に入り、50代を迎えたボージャックに自叙伝出版の話が持ちかけられたことから、このアニメは始まる。

ボージャックは複雑で厄介なキャラクターだ。街では見知らぬ一般人に「『馬か騒ぎ』に出てた馬だろ」と声をかけられてうんざりするが、誰にも気づかれなければ不安や孤独を感じる。だが彼が表すのは、芸能人特有の驕りによる感情だけではない。これまでの5シーズンを通してボージャックが味わってきた感情は、苛立ち、妬み、絶望、羞恥、自暴自棄、依存、渇望、自己嫌悪、そしてその他のあらゆるネガティブなもの……。これらは、われわれも日常的に苦しめられ、しみじみと思い知っている感覚だ。そのためにボージャックの後ろ向きな姿勢は他人ごとではなく、われわれも常にさいなまれている感情を体現し、自然と視聴者も寄り添えるように描かれている。

自叙伝に関してボージャックは思いがけない葛藤を見せる。その心の動きは痛々しく、理由に関しては徐々に察しがつくようになっている。芸能人として秀でた自分を演出するために書きたい話と、実際に幼少期に体験してきた悲痛な経験の落差。ボージャックにとっては、両親に愛されなかった事実はタブーのため、無意識に掘り返す行為を避けてしまい、それが原稿を1行も書き出せないつまずきとなっている。

編集部は締め切りを過ぎても書き出す気配がないボージャックを心配し、ゴーストライターを雇う。その執筆を担当するのが、ベトナム系アメリカ人女性のダイアン（アリソン・ブリー）だ。彼女はその後もボージャックと衝突を繰り返しながらも、窮地では互いに救いの手を差し伸べるような親友関係となっていく。

ボージャックの周囲には、内向的なダイアンを除いて、対極的な明るい人物が多く登場する。まだ20代の若者で、ボージャックの家に居候しているトッド（アーロン・ポール）はその代表だろう。ボージャックはトッドを見下しているが、いざシーズン1でトッドがロックオペラの作曲家として独り立ちしようとすると、急に寂しさや不安をおぼえて妨害行為に走ってしまう。

『ボージャック・ホースマン』は動物たちのアニメであるが、優れた心理劇や人間ドラマであると思うのは、こういった局面に至った際のボージャックの心の動きが、何層にもなっているためだ。ボージャックはトッドが去ることへの不安を、明瞭に認識しているか定かではない。彼は手を回して狡猾にトッドの失敗を画策しながらも、そうする自分自身の動機をみずから欺いているようにも見える。おそらく彼の高い自意識が、「トッドがいないと寂しい」という率直な恥ずかしい気持ちを認知にのぼらせるのに抵抗しているのだろう。だから、ボージャックは妨害行為を「まだトッドは独り立ちするには早すぎるから」と説明する。半ば自分でもそう信じているような、感情の迷走がそこにある。

トッドのキャラも興味深い。彼はコメディにおいてボケにあたるので、いつも風変わりな

屈折したボージャックに対して常に純真なトッドは、バランスの取れたコンビ。
だが彼らの関係も複雑に変化していくのが切ない。

ことばかり言うし、常識が欠落していて一見愚か者に見える。そして嵐に巻き込まれるように、毎シーズンで数奇な運命を辿っている。彼は優しいし人が良いけれども、時に奇妙に鋭く他人の矛盾を見抜く瞬間があり、おためごかしをしている大人たちの辛辣な本音を突く。そのため、シーズンを重ねるごとにトッドはボージャックの欺瞞が許せなくなり、彼とは次第に距離を置いていく。

ダイアンの恋人は、ゴールデンレトリバーのミスター・ピーナツバター（ポール・F・トンプキンズ）だ。彼は『馬か騒ぎ』の便乗番組でデビューし、いわば二流タレントとして活躍している。ボージャックからはうとまれているが、能天気なミスター・ピーナツバター自身は、ボージャックを親友だと思っている。彼の結婚歴はダイアンで3度目。ボージャックが自意識の高さから仕事を断ってしまうのとは反対に、仕事の依頼はなんでも引き受けるタイプのキャラクターである。

ミスター・ピーナツバターは常に陽気で、悩ましい出来事に遭遇してもプラスの解釈——自分に都合の良い解釈しかしない男だ。ダイアンは最初、彼の表裏のなさに惹かれているのだが、しかし彼の徹底的な陽気さには、他人の気持ちを理解しないから自分を保っていられるという落とし穴がある。ミスター・ピーナツバターは、言ってしまえば無神経の塊だ。ボージャックの傲慢さやわがままとはまた違い、ミスター・ピーナツバターは自分にとって楽しいことがこの世の真実だと思い込んでいる。彼は全く悪人ではないけれども、浅慮の押しつけによって、ダイアンは疲れ果てて彼とは一緒にいられなくなっていく。ボージャックがアンチーヒーロー的であるならば、ミスター・ピーナッツバターはヒーローが自分の正義に疑いを持っていないような、まさに陽性の象徴と言える。

結婚歴が多い人というのも、なんらかの癖があるものだ。シーズン5の8話ではミスター・ピーナッツバターの恋愛遍歴が描かれ、彼の悪意のない無神経さにフォーカスが当てられている。この8話はハロウィン回にもなっていて、テルミンの使い方なども毎年ハロウィンに趣向を凝らした演出をする『シンプソンズ』（1989年〜）へのオマージュかもしれない。

この回では、ミスター・ピーナッツバターの現在の彼女であるピクルスも含めて、4人の女性を中心に25年の間、彼がボージャックの家に押しかけてハロウィンパーティーを開いてきた出来事を捉えている。4人とミスター・ピーナッツバターは、家を出るときはとても睦まじい。だが彼はパーティー会場に友人がひとりもいない歴代の妻を放置して、自分だけ楽しんでいる。そのうえ彼は自分が楽しいのだから、妻も楽しんでいると思い込む。妻たちが「ひとりにしないで」と懇願しているのにも気づかないミスター・ピーナッツバターは、パーティーの途中で妻が「帰りたい」と言い出すのが青天の霹靂に思え、全く理由を理解できない。そういった軋轢の積み重ねがあり、彼のなかで離婚はパーティーが苦手で性格の悪い妻たちのせいという記憶になっている。

ミスター・ピーナッツバターはサプライズも好きだ。だが世の中にはサプライズが嫌いな人間も多い。彼はダイアンがサプライズに喜ばなくても、「サプライズをやろうとした努力だけは評価してくれよな」と怒り出す。基本的に、世界はミスター・ピーナツバターを善人として受けとめるだろうし、彼にとって住みやすい好意にあふれたものだけれども、『ボージャック・ホースマン』に共感しながら観るタイプの人間にとっては、そういった陽性の人間へのある種の拭いきれない違和感を共有できるアニメでもある。

ボージャックの美術設計と声優たち

アニメとしての『ボージャック・ホースマン』は無駄な線が少なく、鮮やかな色彩が目立つ。動物が思いがけない職業に就きつつも特性は残していて、そういったモブキャラクターが画面の端々で面白い行動を取っている画面の密度も、本作の楽しみのひとつだ。なぜかアライグマは浮浪者で、シャチやイルカ、マナティといった海中の哺乳類はセクシーな存在という、不思議な不文律があるのもおかしい。

モブキャラには「街角のレギュラー」とでもいうべき、繰り返し姿を見せる存在がいる。スーパーや映画館にいる犬の中年女性二人組や、ピンクのジオメトリー模様のワンピースを着て乳母車を押している女性。マフラーを巻いていて、舞台見学の場面では必ず顔を見せる男性もいる。または、あるときは撮影カメラマン、あるときは飛行機の乗客、そしてトッドが参加するアセクシャルな人々の集いにも来ている、刺青をしたトランスセクシャル風の女性。ほかにもノルディックなスウェットを着た、ボージャックのワンナイトスタンドの相手になったり、パーティーで踊っていたり、レストランの駐車サービスを使ったり、ダイアンのいる編集部の受付も務める、赤いアイシャドウが印象的な女性もいる。彼らは「誰でもない誰か」をそれぞれがひとりの人間で象徴する、記号的存在だ。

オープニングのタイトルバックは、通常のアニメでは使いまわしになるが、『ボージャック・ホースマン』は内容に即して頻繁に手が加えられている。

カメラはベッドで目を覚ましたボージャックのアップから、彼の顔を捉えたまま部屋を横移動していく。その背景の変化が細かい。トッドがボージャックのベッドを壊してしまい、とりあえず本で支えることにすると、次回のオープニングではさりげなくベッドの足が本に代わっている。ほかにも『馬か騒ぎ』でボージャックの養女を演じていたサラ・リンは、その後お騒がせセレブとなっているが、彼女はボージャックの家に滞在している間に、ドラッグの影響で椅子に火をつける。すると、それ以降のイントロではご丁寧に椅子が焦げた状態になっている。シーズン5では、ボージャックは『フィルバート』という配信ドラマに主演している設定で、このセットがなぜか偶然にもボージャックの家にそっくりな間取りになっている。そのため、オープニングではボージャックの部屋の居間と、そこにそっくりな撮影セットが続いて映る。だが少しだけ違うのは、撮影セットの方の椅子は、サラ・リンが火をつけたときに似て、焦げた状態になっていることだ。なぜ意図的にそんな設定が作られているのか。シーズン5ではサラ・リンの死の遠因や、ボージャックが過去に10代の少女と過ちを犯しかけた問題も掘り返される。ミスター・ピーナッツバターの恋愛が失敗に終わる理由を辿る回といい、甦る過去の償いが本シーズンのテーマなのではないか。

このオープニングでは主要なキャラがボージャックの部屋の居間に姿を現すが、なんらかの理由で物語から退場すると、次回のオープニングからも姿を消してしまっているのが、ぽっかり穴が開いたようで侘しさが漂う。居間にはテレビが置かれており、シーズン5の1話目ではその画面のなかで、2017年に亡くなった本作のテーマ曲の作曲家、ラルフ・カーニーがさりげなく追悼されている。

『ボージャック・ホースマン』はもしこれが映画なら、大作になるだろうレベルの有名俳優たちが声優として名を連ねている。主役のボージャックの声を担当しているのは、『レゴ(R)ムービー』シリーズ(2014年〜)のバットマン役で知られるウィル・アーネットだ。ダイアン役はアリソン・ブリーで、彼女は現在ネットフリックスで『GLOW:ゴージャス・レディ・オブ・レスリング』(2017年〜)の主演も務めている。そのため、『ボージャック・ホースマン』のシーズン5のハロウィン回では、モブに悪役レスラーを演じるアリソン・ブリーのコスプレをしたキャラがいるという目配せがされている。そして、トッドの声を担当するのは『ブレイキング・バッド』（2008〜13年）でジェシー・ピンクマンを演じていたアーロン・ポール。彼とウィル・アーネットは製作にも参加している。

ゲストも錚々たるメンツである。セミレギュラーでは、映画プロデューサーのカメに『セッション』（2014年）のJ・K・シモンズ、オスカー請負人と呼ばれるパブリシストに『ブラックパンサー』（2018年）のアンジェラ・バセット、『フィルバート』の脚本家兼演出家に『ボヘミアン・ラプソディ』（2018年）でフレディ・マーキュリーを演じたラミ・マレックなど、ハリウッドの第一線で活躍する俳優たちが登場する。

そのほかにも自叙伝の編集者のペンギンにパットン・オズワルト、ボージャックが過去に裏切ることになった友人カザスにスタンリー・トゥッチ、生きていたJ・K・サリンジャーにアラン・アーキンなどがいる。また、ほかのシットコムの人気俳優も出演しており、『ブルックリン・ナイン‐ナイン』（2013年〜）からは、カリフォルニア州知事のウッドチャックにアンドレ・ブラウアー、ボージャックの恋人となるジーナにステファニー・ベアトリスが登場する。本人役で出演する俳優にはマーゴ・マーティンデイル、ジェシカ・ビール、ポール・ジアマッティ、ザック・ブラフ、ポール・マッカートニー、ダニエル・ラドクリフ、ヘンリー・ウィンクラー、マーク・ジェイコブス、ヴィンセント・ドノフリオ、ナオミ・ワッツなどがいる。シーズン5で、官能小説家のウーパールーパー役で1話だけ登場するジョン・レグイザモなども意外な出演だ。

『ボージャック・ホースマン』といえば、室内にかけられた絵画も楽しみのひとつだ。アートスタッフのサラ・ハーキーが手がけた背景の絵画は、デイヴィッド・ホックニーやアンリ・マチス、フランツ・マルク、マーク・ロスコ、エドゥアール・マネ、ディエゴ・リベラ、グスタフ・クリムト、ジョージ・ベローズ、パブロ・ピカソなどの有名作が、動物をモデルに描かれている。ボージャックの部屋に飾られているのは基本的に現代絵画で、ホックニーやウォーホルが頻繁に映り、このアニメのメインビジュアルともいえるだろう。90年代のボージャックの部屋にはキース・ヘリングや、バート・レイノルズのヌード写真を模したボージャックのヌード絵画もある。『馬か騒ぎ』のクリエイターで、のちに親友のボージャックと袂を分かつことになるハーブ・カザズのオフィスには、バスキアのタッチで描かれた馬の絵もあり、ボージャックはどこかポップアートの香りがしている。

ほかにもプリンセス・キャロラインの部屋にはルイス・ウェインや、映画『熱いトタン屋根の猫』（1958年）、『恋人たちの予感』（1989年）、『ジュニア』（1994年）のポスターが貼られている。ダイアンが居間に飾っているのはダイアン・アーバス。そしてサラ・リンの部屋には、サラ・リン自身が描かれたミレーの「オフィーリア」や、マルク・シャガールが飾られている。シーズン5ではひとり暮らしを始めたダイアンの部屋にクロード・モネ、ハロウィン回では過去のボージャックの部屋にアレックス・カッツ、トッドのガールフレンド

若いころのボージャックは深酒や昼酒に否定的だ。しかし現在の彼がアルコール依存症となっているように、症例で若いころは飲まなかったパターンは多いので、妙にリアル。

であるヨランダの実家にはジョージア・オキーフも登場した。ほかにもパソコン画面やホワイトボードなど、文字列のなかにも興味深い言葉が多くて、ついじっくり眺めてしまう。

ボージャックとフェミニズム

『ボージャック・ホースマン』が動物を登場人物にしていることは、美醜や、特に女性に問われがちな年齢を明瞭化しないという作用がある。アニメ内では女性の若さへの無神経な物言いなどが取り上げられているが、動物であるためパッと見で年齢がわからないという効果がある。

このアニメでは毎シーズンで、フェミニズムの問題が取り上げられてきた。その切り込み方は、ハリウッドのどの映画やドラマよりも先鋭的だと言えるだろう。シーズン2の7話では、セクハラやDVで告発されているものの、人気タレントであるため不問にふされている有名人たちの問題が提議される。妻からDVで訴えられたビル・マーレーといった実名も挙げられつつ、そういった問題をひっくるめた象徴として、有名タレントであるカバのハンク・ヒポポタマスが登場する。彼は歴代のアシスタントたちから性的被害を訴えられているにも関わらず、世間はハンクがお茶の間の人気者であるためスキャンダルを信じようとしない。人々は安心して受け入れているタレントのイメージを壊されるのが怖くて、現実に目をつぶり、虚像を維持しようとするのだ。ダイアンは必死にハンク・ヒポポタマスの罪をあばこうとするが、逆に世論の反感を買ってしまう。それに夫のミスター・ピーナッツバターからも、彼がヒポポタマスと連携を組んだ番組で名を売ろうとしていたために、摘発をやめてほしいと言われる。シーズン5でも女性への暴力問題をたびたび起こす俳優が、数年で禊《みそぎ》を終えて復活するパターンがあげられる。『ボージャック・ホースマン』が訴えるのは、大衆意識がセクハラ問題を温存させ、黙認してしまう構造だ。

シーズン3ではトッドが友人のエミリーと、女性も安心して使える配車サービスを思いつく。それはエミリーや彼女の女友だちがこれまで、運転手からのセクハラで怖い思いをした経験に基づくもので、最初は利用客たちからも好評を得る。だがトッドや、一緒にビジネスを展開するミスター・ピーナッツバターは人気の理由を理解しておらず、最終的に男性のための、プロの風俗業の女性が運転手をするサービスに変化を遂げる。またシーズン4でダイアンは、女性が日常的に男性から受ける恐怖への対応として、女性が銃を持つことの是非を問う。だがダイアンは結局、アメリカ社会においては銃への愛着よりも、女性への嫌悪が勝っているのを目の当たりにするのだ。

痛み

『ボージャック・ホースマン』を語るうえで避けられないのは、心を抉《えぐ》られるような痛みについてだ。シーズン1でボージャックは、自叙伝においてなんとか過去を取り繕おうとするが、ダイアンの筆致はボージャックのみっともない部分も、愛すべき点として描く。最終的にボージャックはダイアンの文才を信じて受け入れるのだが、それでも虚栄心から彼はギリギリまで抵抗して、体裁や、幸福だったという嘘の幼少期を作り上げることに固執する。シーズン3はアカデミー賞発表を巡り、ミスター・ピーナッツバターの無神経さが最大限に発揮されて、ボージャックにとっては地獄の展開となる。彼はさらに友人の死という、追い打ちをかける悲劇に襲われ、この最終話は全シーズンを通してもっとも危うい心境に迫った回となる。そしてシーズン4では家族がテーマとなり、ボージャックと母親との確執に焦点が当てられる。子どもが愛情を求めても、決して愛してくれない親が存在する厳しい現実の物語だ。

『ボージャック・ホースマン』では各シーズンに必ず、実験的な回がある。ドラッグでバッドトリップした意識をそのまま描いたり、過去と現在のふたつの時間軸を同じ画面で展開したりするような、意欲的なものである。また全編ほぼ無言で展開する水中映画祭の回や、プリンセス・キャロラインのひ孫が先祖について語る、観る者をどん底に突き落とすシーズン

4の「ルーシー」という回なども、優れたアイデアに基づいて作られた、それぞれが各シーズンの代表回と言っていい作品だ。だが、それは構成が優れているだけではなく、登場人物たちの孤独や失意が、わが事のようなリアルさで強烈に打ち出されているから胸に刺さる。ボージャックがバッドトリップをする回も、ただ悪夢的な映像が展開するのではなく、彼が抱いている「過去のある時点で人生の選択を誤ったのではないか」という、取り返しのつかない思いを徹底的に描いて視聴者に突きつけるから、心に残るのだ。

『ボージャック・ホースマン』には絶望や孤立といった負の感情が強くつきまとう。しかし時折、一抹の救いのような瞬間が訪れるから、ただ打ちのめされるだけでは終わらない。人生は大半の時間がつらくても、ちょっとした喜びや救いの瞬間によって、生きる気力が取り戻せるように。『ボージャック・ホースマン』のネガティブな物語がベースでありつつ、一瞬の救いが鮮やかに記憶に残るバランスが心に響くのは、われわれが生きる実人生そのものに、まさに似ているからではないかと思う。

(recommend)

『ボージャック・ホースマン』を観たあなたにオススメ！

『オー、ハロー・オン・ブロードウェイ』（2017年）Ⓝ

SNLの脚本家出身であるジョン・ムレイニーと、最近は声優業での活躍が目覚ましいニック・クロールによる、スタンダップコメディの到達点。ニューヨークで暮らす老人に扮した彼らが、のほほんとしつつ密度の高い、ブラックなジョークを繰り広げるステージ。ふたりの先鋭的なギャグが冴えわたる。

『FはFamilyのF』（2015年～）Ⓝ

『ボージャック・ホースマン』と双璧を成す鬱っぷり。家族それぞれの逃げ場のない日常を描いた、引きつる笑いのコメディ。仕事で揉めごと続きの父親、男尊女卑や職場でのセクハラに苦しむ母親、そして息子も常軌を逸したいじめっ子に付け狙われる。平凡な家庭を築くのがこんなに難しいとは……。

『リッキー・ジャーヴェイスの人間嫌い』（2018年）Ⓝ

イギリス人でハリウッドでも活躍するリッキー・ジャーヴェイス。彼の持ち味は気まずい状況に置かれた人間にまつわるブラックジョーク。本作品はスタンダップコメディで、リッキー自身についてのラフな喋りのため、居たたまれなさが比較的少ないのでオススメ。SNSにあふれる困った人間や差別ネタへの考察はいかにも彼らしい。

Ⓝ：Netflixオリジナル作品

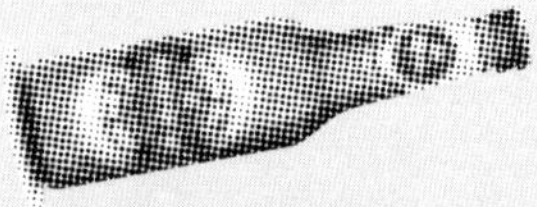

Dear White People

親愛なる白人様

アメリカ名門大学で非白人学生が日々直面している現実とウソくさい建前を、ここアイビーリーグからお届けします。“人種差別は過去の話”だなんて、誰が言った!?

出演：ローガン・ブラウニング、ブランドン・P・ベル、デロン・ホートン
原作・制作：ジャスティン・シミエン
配信：2017年〜

Netflixオリジナルシリーズ
『親愛なる白人様』
シーズン1〜2独占配信中

ラジオブースから届ける分断された社会へのメッセージ
――親愛なる白人様

杏レラト

「親愛なる白人たちへ……」と、架空のアイビーリーグの大学に通う学生たちに構内のラジオ局を通じて語りかけるのが、『親愛なる白人様』の主人公サマンサ（ローガン・ブラウニング）だ。アメリカでは、大学といえども人種によって所属する集団が分かれているところがある。個別にはそれぞれ人種関係なく交流することもあるが、どうも同じ人種で寄り集まって集団を作ってしまう。その例として、日本にも映画やテレビシリーズなどを通じて情報が入っているのでわかりやすいのが、フラタニティやソロリティと呼ばれる大学の社交クラブだろう。日本でのサークルにも似ているが、決してイコールではなく、アメリカ独特の文化だ。無数のフラタニティとソロリティがアメリカの大学内に存在しているが、それぞれのグループによって規律の厳しさなどに違いがある。なかには黒人だけのフラタニティやソロリティもあり、古くは1903年から存在し、歴史もある。

もちろん人種混合のフラタニティやソロリティも存在はしているが、なぜ人種で分かれたかというと、やはりアメリカの歴史が関係している。奴隷として無理やりに故郷から引き離されて連れて来られた黒人を、白人たちはずっと差別してきた。かつては法によって差別を合法とすらしていた国である。黒人と白人が融和するなど、ご法度だったのだ。そのような歴史があるゆえ、現代でもさまざまな歪みが生じ、黒人は日々差別を感じて生活している。だから、このシリーズの主人公サマンサは皮肉を込めて「親愛なる白人たちへ……」と語りかける。

ところで、このシリーズは元々映画だった。原題はドラマ版と同じ『Dear White People』（邦題『ディア・ホワイト・ピープル』）。映画版は2014年の1月にロバート・レッドフォードが主催したインディペンデント映画の祭典、サンダンス映画祭で上映され、ドラマ部門の審査員特別賞を受賞して話題を集めた（ちなみにこの年のドラマ部門大賞は、その後アカデミー賞にもノミネートされたデイミアン・チャゼル監督作『セッション』（2014年）が受賞）。そのほかのインディペンデント系の映画祭でも上映され、多くの賞に輝いていた作品だ。映画版とドラマシリーズの生みの親であるジャスティン・シミエンは、大学を卒業後に映画会社で事務職として働きながら、短編映画を制作し続けた。彼が大学で実際に感じたことを描いたのが映画版『ディア・ホワイト・ピープル』となり、評判を受けて、ドラマ版『親愛なる白人様』となった。

ブラックムービー作家の遺伝子を受け継ぐジャスティン・シミエン

ジャスティン・シミエンは1983年、テキサス州ヒューストン生まれ。シミエンが5歳のときに公開されたのが、スパイク・リーの『スクール・デイズ』(1988年)だ。『親愛なる白人様』と同じく大学が舞台の映画である『スクール・デイズ』は、歴史ある名門黒人大学で政治的な黒人運動に目覚めた主人公ダップ(ローレンス・フィッシュバーン)のフラタニティと、ヤッピー的な上昇志向が強いジュリアン(ジャンカルロ・エスポジート)のフラタニティの対立を通じて、黒人という同じ人種内でも肌の色の濃さなどの違いで生じるヒエラルキーや摩擦や葛藤を描いた政治的なコメディ映画だ。

『親愛なる白人様』でも、同様の対立構造が描かれる。政治的な黒人運動に目覚め、「黒人学生ユニオン」のトップで活動する主人公のサマンサと対立するのが、ヤッピー的な上昇志向が強いトロイ(ブランドン・P・ベル)やココ(アントワネット・ロバートソン)といったキャラクターたちである。それに、『スクール・デイズ』で上昇志向が強いフラタニティのトップを演じていたジャンカルロ・エスポジートが、本シリーズのナレーションという重要な役割を担っているのも、『スクール・デイズ』との面白い関係性だ。

シミエン本人は、「スパイク・リーと比べられるのは嫌だ」と語っているが、スパイク・リーの影響をこのシリーズに感じずにはいられない。何しろ、『親愛なる白人様』がこのような意識の高い作品になったのは、スパイク・リーが『ドゥ・ザ・ライト・シング』（1989年）をはじめとするメッセージ性の強い社会派作品を発表し続けたことで、観客に映画を通じて社会問題を考えさせ、映画界やブラックカルチャーに影響をもたらしたからだ。もちろんスパイク以前にもメッセージ性のある社会派作品は存在していた。しかし、スパイクのように「私たちの話を聞いてくれ」と、観客にその声を聞かせるパワーを持ち、時には黒人にとっても耳の痛い話を大声で話す、率直で何も恐れないタイプはなかなかいなかった。それゆえに、スパイクの作品は同胞である黒人の観客だけでなく、白人の観客からも注目を集め、多大なる影響を及ぼした。

ところで、もう1作品、このシリーズに影響を与えたであろう作品がある。それはスパイク・リーに続く次世代として90年代に『ボーイズ'ン・ザ・フッド』（1991年）でデビューしたジョン・シングルトンの3作目となる『ハイヤー・ラーニング』（1995年）である。こちらはスパイク作品とは違って、多くの白人学生やほかの人種も存在している架空の名門大学が舞台。つまり、シミエンの『親愛なる白人様』と同じ設定だ。

シングルトンの『ハイヤー・ラーニング』は、奨学金をもらえるほど優秀な黒人陸上選手（オマー・エプス）を中心に、その主人公が出会う黒人の学生たちとそのグループ、そして主人公と同じ1年生である白人の女子学生（クリスティン・スワンソン）と白人の男子学生（マイケル・ラパポート）が描かれている。シングルトンは『ハイヤー・ラーニング』のなかで、大学に存在する人種分裂に焦点を当て、その歪《いびつ》な空間で起きた悲劇を描いた。と書けば、『親愛なる白人様』を観たことのある勘のいい人はすでに気づいてくれていると思う。そう、シミエンの『親愛なる白人様』は、スパイクの『スクール・デイズ』で描かれた黒人コミュニティ内にあるヒエラルキーや葛藤と、シングルトンの『ハイヤー・ラーニング』で描かれた大学内で見られる人種分離という両方のテーマをみごとにミックスし、現代版にアップデートしたハイブリッドな作品なのだ。このシリーズだけでなく、黒人が主役で大学が舞台となった映画／ドラマシリーズは『スクール・デイズ』以降、大作だけでなくインディペンデント作品でも無数に存在している。そのなかでも、本シリーズはスパイク・リーとジョン・シングルトンというブラックムービーを代表するふたりの監督の遺伝子を受け継いでいるのだ。

最初にフラタニティやソロリティのことを書いたが、『親愛なる白人様』で描かれているのはそれら社交クラブではなく、ブラック・コーカスと呼ばれる黒人学生の集会である。ブラック・コーカスは、さらに小さい団体である黒人学生ユニオンや人種平等連合などから形成されており、それらが合同で問題点を話し合う集会を設けたり、細かいルールを決めて物事を進めたりしている。フラタニティやソロリティだけでなく、大学内にはそのようにさまざまな団体が存在し、集団が形成されている。

またこのシリーズを観ていると、学生寮も人種によって住み分けされていることがわかる。そのなかで、『親愛なる白人様』は主要登場人物をひとりずつバックグラウンドも含め実に

舞台となった架空のウィンチェスター大学は、東海岸の私立エリート大学「アイビーリーグ」に属しているという設定。すなわち、この映画に登場する若者は未来のアメリカの政治・経済をリードし動かすことになるであろう人物だ。そんな彼らが大学のキャンパスで悩み苦しみながらも成長していく姿をリアルに映し出している。映画版『ディア・ホワイト・ピープル』もNetflixで観られるので必見!

丁寧に細かく、そしてカラフルに長きにわたって描くことで、映画にはないシリーズ作品ならではの利点を多いに生かしている。彼らはさまざまな団体に属し、それぞれ意見を言い合い、そしてぶつかり合う。同じ人種であろうが、人はそれぞれ価値観や意見は違うものだし、ひとつのステレオタイプの枠にあてはまるものではないという、人間全般な魅力も描かれているのが、このシリーズの素晴らしさのひとつだ。

第2シーズンの物語の軸のひとつになる、主人公サマンサのSNSアカウントが誹謗中傷コメントで荒らされ、栄養ドリンクを片手に徹夜で荒らしと1対1でやり合うシーンは面白かった。このシーンは、大学のフラタニティや大学内の人種分離などにあまりピンと来ない人でも共感できるシーンとなっていたはずだ。わかりにくい部分があるかもしれないが、細かい部分に目を向けてみると共感できる部分も多い。先に触れたように、このシリーズは人間的な魅力も描いているから共感ができるのだ。

『親愛なる白人様』は白人差別を助長している？

しかし、メインで描かれている人種分離の部分で、共感できないアメリカの観客も少なからず存在する。タイトルにもなっている一部の「白人様」たちだ。彼らはタイトルからすでに、この作品から攻撃されていると感じている。つまり「やり玉に挙げられている」と感じているのだ。第1シーズンで描かれた「ブラックフェイス（顔を黒塗りにし、黒人を見下す）」パーティーは、実際にアメリカ各地のフラタニティやソロリティのパーティーで行われた出来事である。シミエン監督は劇中、実際に大学で行われたときの映像をも容赦なく映し出した。パーティーを開いた者にとっては言い訳などできない映像なのだ。

そして第1シーズンで2回も描かれたのが、警官（学内セキュリティ）による人種を理由にした過度な銃暴力――つまり現実のニュースで頻繁に報道される、無実の黒人が偏見を持った警官によって殺される事件のことである。これは第2シーズンでも引き続き描かれており、いかに黒人の間で重要な問題となっているのかがよくわかる。

また、先に書いた主人公と荒らしとのSNS対決も現実社会における問題のひとつである。シミエン監督は第1シーズンの配信時に、自分たちが攻撃されていると感じた一部の白人視聴者からSNS上で「#ネットフリックスをボイコットせよ」という反撃を食らってしまう。そんな体験から、第2シーズンにネットの荒らしを登場させたのだ。サマンサはSNSでも身分を晒しているが、荒らしは自分の正体を隠したまま攻撃し続け、時には「サマンサは白人とのハーフ」といった個人攻撃もしている。

ここで注目すべきは、その荒らしのSNSのアカウント名が「ALTIVYW」である点だ。これはつまり「ALT IVY W（アルト・アイヴィー・W）」のことで、アルトはドナルド・トランプが大統領に立候補したときに支持した白人ナショナリズムのオルタナ右翼を指す。オルタナ右翼とは、白人ナショナリズムという言葉が示す通り、白人至上主義であり、かつ反フェミニズムで排外主義の人たちのこと。そんな彼らが移民政策を打ち出したトランプを支持するのは当然のことであった。

このシリーズの第1シーズン撮影終了日は、大統領選の日（2016年11月8日）であり、第2シーズンの配信開始時にはトランプが大統領となっている。しかしこのシリーズにはオルタナ右翼の存在によってトランプの影こそ見えるものの、トランプという名前は出てこない。そのことについてシミエン監督は「トランプという名前すら言いたくなかったんだ。名前を出して、彼のパワーを感じさせることは自分の作品ではしたくなかった」と語っている。

ところで、なぜオルタナ右翼と呼ばれる一部の白人の人々は、この『親愛なる白人様』に対してそれほどまでに嫌悪感を抱いているのか？　彼らは「#ネットフリックスをボイコットせよ」とともに、こんなことをSNSに書いている。「人種差別と白人ジェノサイドを助長している」「アンチ白人を助長するシリーズを作るなんて、ネットフリックスをキャンセルしてやる」「白人がすべて悪いと語るのは、人種差別ではないんですね！」

ちなみに、「ファンボーイズ」と名乗るオルタナ右翼のひとりは、大ヒット作『ブラックパンサー』（2018年）や『スター・ウォーズ 最後のジェダイ』（2017年）に対するボイコットを呼びかけている。鑑賞拒否はもちろんのこと、批評家やファンの批評が集まるサイト、ロッテン・トマトにて低い評価をつけるように呼びかけ、作品への印象操作を仕掛けたのだ。「『ブラックパンサー』は過激な右翼が好むポップカルチャーの押しつけだ！　そんなことが、この世の中でまかり通ってはならない」というのが彼の言い分である。

確かに『親愛なる白人様』には、サマンサをはじめとする黒人たちの「白人の人たち聞いて」という心からの訴えはある。が、それだけではないのがこのシリーズの素晴らしさである。シミエンは黒人のなかに潜む闇や矛盾、そしてほぼ白人社会と言える名門大学内で、黒人側にも生じる偽善による歪みをも描いている。

第2シーズンでは、「Hotep（ホテップ）」が描かれている。ホテップについてはいろいろな細かい基準があるようだが、このシリーズに出てきたホテップとは、ブラック・ナショナリズムやプロ・ブラック（黒人至上主義）な考えを持ち、なおかつ非理論的な陰謀説を信じる人々のことである。『親愛なる白人様』はそういう人たちもあえて描くことで、一方的に白人だけを攻撃しようとはしていないのである。

また本シリーズではたびたび、黒人生徒専用になっているアームストロング＝パーカー寮に生徒たちが集まってテレビを鑑賞するシーンが登場する。そこに映し出されるのは、黒人が主役の人気テレビドラマシリーズ『スキャンダル 託された秘密』（2012〜18年）や『Empire 成功の代償』（2015年〜）、そしてリアリティ番組『Love & Hip Hop』（2011年〜）などのパロディである。シミエン監督は、それらの番組で過剰に誇張された黒人像を目にした主人公たちが嘆くというシーンを何度も描くことで、同じ黒人の作り手にも牙をむく。よってオルタナ右翼の人々が訴えている「白人への一方的さ」はまるでない。政治家の道に進むであろう野心家トロイの友人で、学校長の息子であるカート（ワイアット・ナッシュ）などの白人生徒の存在は中立した立場で描かれており、このシリーズのキャラクターの豊満さを物語っている。シミエン監督は、何も白人全員をやり玉に挙げようとは思っていないのだ。

先述した人気テレビ番組のパロディには、P．ニニーという架空の女性ラッパーが出演している設定なのだが、そのP．ニニーを演じているのが、レナ・ワイスだ。彼女は女優・脚本家・制作者としてマルチに活躍する、現在注目を集める若手クリエイターのひとり。スティーヴン・スピルバーグの話題作『レディ・プレイヤー1』（2018年）でも重要な役どころで出演していたので覚えている方もいるだろう。出演・脚本を担当した同じネットフリックスのドラマシリーズ『マスター・オブ・ゼロ』（2015年〜）では、黒人女性脚本家として初めてエミー賞を受賞し、歴史に名を遺した。ワイスは、映画版『ディア・ホワイト・ピープル』から制作者として参加しており、このドラマ版でも引き続き制作者のひとりを務めている。

そんなワイスは同性愛者であることを公表しており、エミー賞の授賞式ではLGBTに向けて感動的なスピーチをしたことでも話題となった。『親愛なる白人様』でも、大学新聞

このように寮ではテレビのあるところに学生たちが集まって、みんなで観ている。しかしテレビ番組を観ている学生の表情はさまざまで、笑顔の人もいれば、あきれた表情の人もいる。同じ人種の人間がみな同じ意見や思考ではないことをうまく表現しているシーンなのだ。また座る位置やチャンネル権などにヒエラルキーも感じられる。

記者のライオネル（デロン・ホートン）にＬＧＢＴ役をあてがい、性の多様性について積極的に描こうとしている。そういったこともあり、有名ＬＧＢＴ誌「アウト」が発表した２０１７年の「アーティスト・オブ・ザ・イヤー」にレナ・ワイスが選ばれている。

目を見開いておけ〜大学のラジオブースから伝えるアメリカの「今」

以上のように人種問題だけでなく、ＬＧＢＴやオルタナ右翼、さらには些細な個人問題まで描かれているこのシリーズに対して、多くの有名小説家やジャーナリストを輩出した老舗雑誌「ザ・アトランティック」は、「（第2シーズンの）『親愛なる白人様』は、実にタイミングが良く、それでいて時代を超えた物語だ」と絶賛している。その記事内では、トランプ不在についても語られ、「トランプという名前が不思議と出てこないが、出す必要などなかったのだ。トランプが当選した後に行動が大胆となったオルタナ右翼の存在と学生たちが格闘するだけで十分だ。そして、第2シーズンから登場した新しいキャラクターであるリッキー・カーター（テッサ・トンプソン）は、奴隷について『奴隷はみずから選んだ選択』と発言したカニエ・ウェストが称賛したキャンダス・オーウェンスを思い出させる。トランプついて語らないながらも、トランプが物語の一部になっている」と評している。

この評に登場したキャンダス・オーウェンスは、トランプ支持の保守的な黒人女性で、オルタナ右翼の根城となっているフォックス・ニュースにて、コメンテイターとして過激な発言をして注目される人物だ。このシリーズでも何度も取り上げている、警察官の偏見による無実の黒人への不当な暴力や殺人をなくす運動「ブラック・ライヴス・マター」についても、「馬鹿げている」や「嫌い」と発言している。一時期トランプ支持を表明していたカニエ・ウェストも「彼女の考え方は好きだ」と発言するに至っている。

「ザ・アトランテイック」の批評家が示す通り、『親愛なる白人様』はそういう多様なアメリカ社会の「今」を反映しつつも、普遍的な物語になっている。野心家で政治家を目指すトロイという役は、学部長の父という偉大な存在に常に大きな重圧を感じているが、その手の話は主役が黒人でなくともあり得る物語で、何度も映画やテレビシリーズで描かれてきた。

と、ここまでかなり堅苦しく難しい話が続いてしまい、このシリーズは取っつきにくいのでは？と思ってしまった読者も多いかもしれない。だが、実はこのシリーズはファッションも注目を集めている。アメリカのファッション誌やファッション系情報サイトなどでは、主人公たちが着ている服や小物の特集を組んだり、コスチューム担当者がインタビューなどに答えている。何しろ、主人公サマンサのオシャレな衣装や、ジョエール（アシュリー・ブレイン・フェザーソン）の個性的な髪形や小物は見ていて楽しいし、上昇志向のココのキッチリしたファッションもお手本になる。そのように、それぞれのキャラクターの個性が衣装や小物でも表現されているし、視聴者は多種多様な個性に触れることで、自分の好みにも出合えるはずである。

そしてファッション以上に話題になっているのが、本作を彩るサウンドトラックだ。フューチャーのような今人気アーティストの曲から、ア・トライヴ・コールド・クエストのような誰もが知る名曲、タイラー・ザ・クリエイターやブロックハンプトンのような新しい時代を感じさせるアーティストの曲が随所で効果的に使われている。またセリフで話されている言葉やスラングも、今のアメリカの大学生をダイレクトに伝える言葉ばかりである。難しいことを考えず、そのような自分が楽しめる分野から取っついてみるのも、このシリーズを楽しむひとつの手だ。そこから自ずと、この作品が伝えたいことが見えてくるはずだ。

『親愛なる白人様』を観ていて常に感じるのは、最近メディアで取り上げられることも多い新しいスラング言葉「woke（目覚めた）」の意味についてだ。アカデミー賞の作品賞にノミネートされ、脚本賞を獲得した大ヒット映画『ゲット・アウト』（2017年）の冒頭で流れ、『親愛なる白人様』でも使用されたチャイルディッシュ・ガンビーノ（ドナルド・グローヴァー名義で俳優としても活動）の楽曲「Redbone」にも〝Stay Woke〟という歌詞があるが、これはつまり「目覚めていろ／目を見開いておけ／意識をしっかりしろ」という意味である。『親愛なる白人様』が多大な影響を受けたスパイク・リーの『スクール・デイズ』では、最後にローレンス・フィッシュバーン演じる主人公が「ウェイクアップ！（起きろ！／目覚めよ！）」と叫んで終わった。このスパイク・リー作品のメッセージは、実際に多くの観客を目覚めさせた。ジャスティン・シミエンの本シリーズでは、「目覚めたまま」今を見つめ、そして普遍的なメッセージを大学の片隅にあるラジオブースから語りかけている。「親愛なる（オルタナ右翼の）白人様、聞いて……」と。

(recommend)

『親愛なる白人様』を観たあなたにオススメ!

『マイ・ブロック』(2018年～) Ⓝ

こちらは高校が舞台。『親愛なる白人様』とは違って、貧困層が集まるロサンゼルスの荒れた高校。しかもその高校のなかのヒエラルキーでも一番下にいる4人の青春物語。

『Marvel ルーク・ケイジ』(2016～18年) Ⓝ

『親愛なる白人様』が話し合いやプロテストで問題を解決するのに対して、腕力で立ち向かう特殊能力を持ったスーパーヒーロー。

『シーズ・ガッタ・ハヴ・イット』(2017年～) Ⓝ

『親愛なる白人様』に多大なる影響を与えたスパイク・リーが、自身のメジャー映画デビュー作という思い入れのある作品をみずからリブートしてドラマシリーズ化した。

Ⓝ: Netflixオリジナル作品

13 Reasons Why

13の理由

ハンナ・ベイカーはどうしてみずから命を絶たなければならなかったのか。人には決して言いたくない秘密を抱える同級生たち。そして驚きの真実が明らかに……。

出演：ディラン・ミネット、キャサリン・ラングフォード、ケイト・ウォルシュ
原作・制作：ブライアン・ヨーキー
配信：2017年～

Netflixオリジナルシリーズ
『13の理由』
シーズン1～2独占配信中

少女の自殺が呼んだ大きな波紋——13の理由

辰巳JUNK

『13の理由』はまさに社会現象だった。このドラマはアメリカのポップカルチャーの景色をすっかり変えてしまったし、ある面ではアメリカ政治の激動を予言していた。2017年春にリリースされるやいなや、「もっともツイートされたネットフリックス作品」記録を獲得したこのドラマに多くのティーンが夢中になった。しかしそれは、保護者にとってはホラーだった。ツイートされたのは賞賛だけではなかった。ライターや精神医療専門家といった大人たちから批判が殺到したのである。一方で評価も高かった。「Dazed」は「完璧に近い」と評したし、「Glasgow Live」は「ネットフリックス史上最高の作品になりうる」と太鼓判を押した。賛否があがればあがるほど、議論は大規模になっていった。影響を鑑みたニュージーランド政府機関は、本作を「未成年がひとりで観てはならない作品」とレーティングする法規制を敷き、ネットフリックスを糾弾するステートメントを出した。ひとつのティーン向けドラマが、なぜここまでの騒動を巻き起こしたのか?

ネットフリックス的なインタラクティブ型ミステリ

まずはストーリーを紹介しよう——主人公にあたる女子高生ハンナ（キャサリン・ラングフォード）はすでに死んでいた。自殺だった。彼女は命を絶つ前に、テープレコーダーを録音していた。中身は告発だった。テープの聴き手となる13人は、ハンナが自死に至る要因、つまり「13の理由」を作った者たちなのだと——

「ハイ、私ハンナ、ハンナ・ベイカー。
これをどのプレイヤーで聴いてるのか知らないけど、そう私。
ステレオ音声で生放送。再放送はないし、アンコールはなし。
もちろんリクエストも受け付けてない。
スナックでも食べながら私の人生について聞いてもらいたい。
なぜ私の人生が終わったのか。これを聴いてるってことは、あなたも理由のひとつ」
（S1 E1）

物語は、現代パートにおける男性主人公クレイ・ジェンセン（ディラン・ミネット）がテープを受け取るところから始まる。彼は「目立たない良い子」で、ハンナに恋心を抱いていた。

ところが好きな子が自殺し、「死因はお前だ」と宣告されたものだから、もう大変だ。衝撃のあまり聴くのを途中でやめたクレイは、ひとまず高校に行く。すると、体育会系やチアリーダーの同級生たちもテープのリスナーであることがわかる。彼らはすでにテープをすべて聴いたようで、どういうわけかクレイを跳ね除けたり脅迫したりする。しかし同級生たちのそうした反応は、本編をすべて観れば納得がいく。何しろ、テープには学校自体を揺るがす暴露が含まれていたのだから。一体、ハンナを死に至らしめた「13の理由」とは何なのか？　クレイ含む13人は何を隠している？　ハンナの死後、13人にテープを届けた〝黒幕〟とは誰なのか？――これらが『13の理由』の中核をなすミステリだ。

　エミー賞受賞者のブライアン・ヨーキーや『スポットライト 世紀のスクープ』(2015年)でアカデミー賞脚本賞を受賞したトム・マッカーシー、そして新鋭グレッグ・アラキを製作に迎えた『13の理由』は、ティーン向けドラマのイメージを打ち壊した。画面はリアル志向だったし、ジョイ・ディヴィジョンやザ・キュアーを起用した音楽はスタイリッシュだった。何よりも、暗く、かくも〝ネットフリックス的〟だった。衝撃的なフックで始まり、さらにはクリフハンガーが連続するビンジウォッチ誘発ミステリ。そして、考察合戦を巻き起こすみごとなインタラクティブ構造。無数の「語りどころ」があるこのドラマはバタフライ効果を模した群像劇で、どのキャラも秘密を持っていた。視聴者はクレイやハンナといった主人公格すら信用できない。「良い子」であるクレイは、ハンナとの間に起こったことを誰にも話していない。ハンナにしても、テープで語られる内容に嘘があることを序盤から指摘される「信用できない語り手」である。誰も信用できないゆえに、視聴者は画面にかじりついて事実を見極めなくてはならない。

1回観ただけでは気づかない伏線も多い。たとえば、シーズン1の第1話でハンナは『スターウォーズ』の話をするクレイに対して「オタクを貫くなんてカッコいい、それって勇気がいるから」と語る。この言葉には裏の意味がある。中盤に明かされるが、ハンナは詩を書く趣味とライターになる夢を隠し続けている少女だった。だから嗜好を公にするクレイを尊敬したのである。また、物語の根本に関わる「謎の答え」も、実は序盤で明かされている。物語のハイライトとなる〝13人目〟の正体は、実は早い段階で示されていたのだ。その人物に注目すると、ハンナ以外のほかの生徒に対しても問題ある行動をとっていることがわかる。要するに『13の理由』は非常によくできたミステリだった。「i-D」はそんな本作を「いま観るべきドラマはこれしかない」と激奨した。

現実世界を揺るがした自殺とテープ

さて、冒頭で触れた〝炎上〟騒動の話に戻ろう。高評価を博したティーン・ミステリは、なぜ大きな批判を呼んだのか？　その答えはある意味、本作の話の筋と同じだ。つまり、現実世界でもハンナの自殺とテープが大問題になったのである。

『13の理由』は現代と過去、ふたつのパートで進行する。現代パートでは、ハンナの死後、テープに揺れる13人を描く。クレイがテープを聴くと、過去パートが始まる。そこで描かれるのはハンナがテープに吹き込んだ、死に至るまでの彼女の物語である。『13の理由』にまつわる議論で重要視されたことのひとつは、この過去パートにおけるハンナの最期だ。この作品は、手首を切り、苦しみ、息絶えるまでの自死の様子を、3分間にわたって丹念に描いたのである。彼女の自死によって、現代パートではテープがさまざまな人間を狂わせていく。ハンナは「復讐としての自殺」を遂げた——そうとも捉えられるほどに。痛々しくリアルな自殺描写、復讐としての自殺を思わせるテープ。そのどちらも「自殺の伝染」リスクを問題視された。フィクションに影響されて自殺者が出る現象はよく研究されているようで、専門家たちは「『13の理由』は自殺を助長する恐れがある」と批判した。ニュージーランド政府機関に指示されたこともあり、ネットフリックスは本作の冒頭に警告動画をつける対応に出た。

製作総指揮兼脚本のブライアン・ヨーキーによると、自殺シーンを丹念に描いたことには理由があるという。彼は「Buzzfeed Japan」の取材にこう話している。「痛々しくて醜い。そうでないと、自殺を美化しているようにすら見える。彼女の自殺は、親や友人たちを狂わ

届けられたテープを手に取るクレイ。「13の理由」が語られるハンナのカセットテープは全13面であり、それをフィーチャーするドラマ自体も全13話となる。

せていく。そこまで描きたかった」

　この言葉は作品のヴィジョンを象徴している。自死を直接的に描く選択は議論を呼ぶだろうが、重要なのは「親や友人たちを狂わせていく」という後半部分だ。このドラマは、幕開けから「ハンナの自殺の影響を受ける人々」を緻密に描いている。たとえば、ハンナの母親は娘の死によって別人のように変わってしまっている。「自殺の伝染」と隣接するかのように重い心傷を負った同級生も描かれた。『13の理由』は自殺の影響を描いた、つまりはハンナの自殺によって大きく変わってしまった人々の群像劇でもある。「自殺の美化」とも形容されたが、製作陣はただ過激さとヒットを狙って自死を扱ったわけではないだろう。それを表すかのように、ニュージーランド政府機関も、ネットフリックスを批判する一方で功績を称えている。賛否両論を呼ぶ作りではあったが、ハンナの告白を通して現実のティーンエイジャーが直面する問題、そしてアメリカ社会の暗部を暴いたことも確かだった。

ティーンエイジャーの憂鬱とスマートフォン

「この作品は、何百万人ものティーンエイジャーが直面している多くのタブーを浮き彫りにする」（Elite Daily）

『13の理由』が描いた10代の問題。賞賛を受けたのはおもに、メンタルヘルス問題とジェンダー問題のふたつだ。まず前者について紹介しよう。2017年、アメリカ精神医学協会は「若者の自殺にまつわるポップカルチャーが流行している」と報告した。もちろん代表例は『13の理由』だ。ほかにも自殺予防ホットラインの番号をタイトルにしたラッパー、ロジックの楽曲「1-800-273-8255」がヒットしていたし、メンタルヘルスをモチーフにしたラップソングやブロードウェイ・ミュージカルも発表されていた。「Vox」もまた「若者の自殺」ムーブメント考察記事をリリースしている。ハンナ・ベイカーのテープを筆頭として、アメリカのユースカルチャーは一気にパーソナル志向となり、暗く、自己嫌悪的になった。この背景には何があるのか？　まず言えるのは、2010年代のアメリカで10代の自殺率が急上昇しているということだ。とくに女子が顕著で、2007年から2015年にかけて倍増し、「40年ぶりのワースト自殺率」を記録した。また、うつ傾向や自殺未遂も増加が見られた。2010年代、アメリカの若者の自殺は社会問題なのだ。増加の推測要因は多岐にわたるが、ひとつ注目された〝デバイス〟がある。『13の理由』は、その機械の影響を物語に組み込んでいる。2018年、その機械を所有しているアメリカのティーンの割合は95％。スマートフォンだ。

「みんな毎日、他人をスパイしてる。いつも誰かを監視してる。アカウントをフォローして、フォローさせる。フェイスブックとツイッターとインスタグラムは、私たちの社会をストーカーだらけにした」（S1 E4）

『13の理由』に印象的な演出がある。クレイが見つめる自殺防止啓発ポスターのキャッチコピーが「あなたはひとりじゃない」から「あなたは見張られている」に変容していく場面だ。このシーンはクレイのみならず、2010年代ティーンの不安を表している。スマートフォンの普及によって、ふたつのキャッチコピーの距離はかなり近づいたはずだ。ハンナが語るように、ソーシャルメディアも相まって、社会はストーカーだらけになった。ブライアン・ヨーキーは、スマートフォンのある学園生活の問題をこう提議している。「携帯電話がなかった時代にもうわさやいじめはあったわけですが、例えば学校でいじめられても、家に帰ればいじめは途切れた。ところが、いまのネット社会では、SNSを通して24時間いじめられ、逃げ場がない状況に追い込まれてしまう。悪意ある書き込みも何もかもが残り続けるかもしれない、という不安やプレッシャーも計り知れない」（朝日新聞、2018年4月28日）

2017年、サンディエゴ州立大学のジーン・トゥエイン教授は、ティーンエイジャーへのスマートフォンの影響調査を発表した。そこで注目された結果は、iPhoneが普及した時期に自殺率やうつ症状が急増したとするものだ。トゥエイン教授は「現代の10代はメンタルヘルス面で最悪の状況にある」と結論づけた。『13の理由』のハンナもまた、スマートフォンによって傷ついたティーンだった。彼女は、学校で直接的にいじめられていたわけではない。彼女の良くない噂がスマートフォンを介して拡散されていき、結果、孤立を深めていったのである。

ティーンエイジャーの自死を扱った『13の理由』は、アメリカ社会で10代の自殺率が急増している時勢でリリースされ、その要因と推測されるスマートフォンの問題を掘り下げた。まさに時事的だったし、番組の描写に多くの若者が共感した。ノースウェスタン大学の調査では、10代を含む若者の71%が「『13の理由』が自分に深く関わる内容である」と回答した。

スラット・シェイミングとボーイズクラブ

若者からの共感を呼んだ『13の理由』が重視したもうひとつの問題が、ジェンダーである。ハンナがスマートフォンで流された〝悪評〟はスラット・シェイミングだった。

スラット・シェイミングとは、おもに女性に対して性的な意味合いの汚名を着せること、偏見によって相手の性行動を非難することなどを指す。2011年、トロントの警官が「女性は犠牲者になりたくないなら、売女のような格好をするな」と発言した際には、抗議運動にあたるスラットウォークが国際的に展開された。『13の理由』も、こうした性差別的な問題が物語の鍵となっている。同級生とデートをしたハンナは、翌日「ふしだらな女」として写真を拡散されてしまう。さらには、ほかの男子生徒が製作した「イケてる／イケてない女子リスト」において「いいケツ」項目に挙げられる。このリストも学校で回されていく。こうした〝拡散〟によって、学園でのハンナのイメージは「性的に奔放な女子」となり、彼女を軽んずる男子や女子が増えていき、痴漢行為まで発生する。

「高校ってそういうところだよね。男子が言ったことを女子が信じて、そしてすべてがめちゃくちゃになる」（S1 E2）

ハンナの心を深く傷つけた悪評は、わかりやすいいじめというわけではなかった。デート相手の男子は、友人に写真を自慢しただけだったが、グループのひとりが面白がって拡散に出た。彼にしてもリストを流した男子にしても「ハンナの自死の直接的な原因」と言い切れるわけではない。ハンナ自身もそうは言っていない。ただし、彼らが行ったような「性的価値のジャッジ」は、またたく間にコミュニティに定着していき、ハンナを「軽く扱ってもいい女子」とする生徒を増やしていった。バタフライ効果を模した群像劇である『13の理由』は、そうしたおもに女性に向けられる偏見や性差別、それらをあたりまえのものとして組み

スラット・シェイミング被害を訴える女子高生。シーズン2では性的暴行事件の裁判が行われる。

込んだ集団の問題を描いているのだ。ここも非常にリアリティがあったと言えるだろう。『13の理由』では、前述した痴漢行為以上の性暴力も描かれていた。その箇所では、被害者のみならず加害者側の描写も非常に巧みで、時事的であり、ある種アメリカ政治への予言としても機能していた。

突然だが、アメリカの学園フィクションにおける「体育会系エリート男子」と聞いて、どんな姿を想像するだろうか？　往年のふたつの傑作を見てみよう。まず、1985年の映画『ブレックファスト・クラブ』において、体育会系エリートは真面目な好青年として描かれていた。そして『glee／グリー』（2009～15年）では、学園を牛耳る存在として、好青年タイプといじめっ子タイプが共存している。『13の理由』にもこうした好青年といじめっ子の両方が出てくるが、2017年製作の本作は、さらにほかの要素を付け加えていた。このドラマにおける体育会系エリートは「特権を持つプレデター」としての側面が強調されていたのである。もちろん、多くの体育会系エリート男子は、プレデターとまではいかない。ただし、彼らが集まり、そのなかで暴力的な人間が権力を持ってしまうと、コミュニティが歪み始める。ある体育会系男子は仲間が女子生徒を暴行する現場を目撃するが、事件を隠蔽しようとする。いわゆる「ボーイズクラブ」問題だ。彼らは、お互いを守り、またそれを強制するかたちでスキャンダルを隠蔽する。この性暴力の加害者コミュニティ描写は、当時のアメリカ社会の問題を映している。

体育会系エリート男子のレイプ疑惑が表出すると、告発した被害者女性がスラット・シェイミングに類するバッシングを受けやすい。そして、時に司法は白人男性の体育会系エリートに寛容な判決を下す。その代表例として、ジョン・クラカワー著『ミズーラ 名門大学を揺るがしたレイプ事件と司法制度』でまとめられた、モンタナ大学アメフト部による強姦疑惑が挙げられる。2017年には、スタンフォード大学のスター水泳選手が重度の性的暴行罪で有罪判決を受けるも、たった3ヶ月で出所し、判事への批判が噴出した。特権を持つプレデターとしてエリート体育会系を描いた『13の理由』は、こうした事例をベースにしているのだろう。繰り返すが、作中の体育会系男子のほとんどは性犯罪者ではない。そのようなモンスターはごくごく少数だ。だからこそ、エリート内における格差と抑圧の構造によって隠蔽に向かうボーイズクラブの描写が巧みだった。そして、ある面で、アメリカ社会の大騒動を予言していた。

『13の理由』がリリースされた2017年3月以降、アメリカでは「性暴力を隠蔽するボーイズクラブ」が政局に影響する規模の社会問題となった。まず #metoo ムーブメントが到来する。映画界の大御所プロデューサー、ハーヴェイ・ワインスタインの性的暴行疑惑が複数の女性被害者によって告発されたことがその始まりである。男権社会とされるハリウッドは、長年こうした性暴力問題を表に出してこなかった。#metooはその後、ほかのエンターテインメント産業や政治界へ波及することとなる。翌年には、次期最高裁判事と目されたブレット・カバノーの学生時代の性的暴行が告発された。彼の信任に関する公聴会は高い関心を集めた。その際、ニューヨーカー誌は「カバノーを守るボーイズクラブ」という記事を掲載している。#metoo ムーブメントもカバノー信任問題も『13の理由』が呈した問題の延長線上にある。エリート男性が性暴力を起こすも、仲間とともに隠蔽する。時が経った後、被害者を名乗る女性が告発し、それまでの権威構造が揺らぐ。体育会系エリート学生による強姦問題を参考にしたのであろう『13の理由』は、それまでの社会を反映しつつ、その後のアメリカ政治変動の予言としても機能した。ポップカルチャーは社会を映す鏡である。10代が抱える問題を描いた『13の理由』は、まさに時代を象徴していた。

実はシンプルな『13の理由』のメッセージ

「どうすればいいのかわからない。君の幽霊に取り憑かれてる。
どうか戻してほしい。ふたりが出会ったあの夜に」
——ロード・ヒューロン「The Night We Met」

過去には戻れない。これは『13の理由』における明確なルールだ。悲痛な想いが歌われるロード・ヒューロン「The Night We Met」は、本作の核をなす楽曲である。これはクレイにとってハンナとの思い出の1曲であり、非常にロマンチックなシーンで流される。テープレコーダーなど知らない若者が増えた2010年代、この曲をもう一度聴くことは簡単だ。でも、同じ歌を聴こうと、あの素晴らしい夜は二度と返らない。

『13の理由』は、2010年代もっとも議論を呼んだテレビドラマのひとつと言っていい。「議論」を「炎上」に言い換えてもいいかもしれない。こうした大規模な反応について、ブライアン・ヨーキーは驚きを示しつつ「良かった」と漏らした。またこうも付け加えた。「それが本来の目的だった」

復讐のように見えるテープから始まったこのティーン・ミステリは、一体なにを志向していたのだろう? 今まで述べたように、その答えは多岐にわたる——現実の若者が直面するメンタルヘルスやスマートフォンの問題、社会全体を揺るがすまでの性暴力や性差別構造。ただし、物語自体のメッセージは、非常にシンプルなものに落ち着いている。『13の理由』が提唱するのは「他者と話すこと」だ。生前のハンナは対話を求めていた。友人や大人に相談を切り出したこともあった。しかし、不幸や偶然の積み重ねにより、周囲の人々は彼女の悩みを受け入れ、言葉を聞くことができなかった。この物語は「防げたのに防げなかった自死」から始まる。だからこそクレイは煩悶するし、葛藤の末にある答えに辿り着く。彼がシーズン1の最終エピソードで取った行動。それこそが、取り返せぬ不幸から始まった『13の理由』が啓発しようとしたことだ。考察や再見を誘発するネットフリックスらしい作品構造は、その目的に適合するものだった。この問題作をきっかけに、多くの人々がさまざまな問題を語り、時に議論し、みずからの悩みを語り出した。

『13の理由』は、その影響面において完璧な作品とは言い難いかもしれないが、社会問題への関心を高め、会話のきっかけを作った。ノースウェスタン大学の調査では、10代の半数以上が、本作を鑑賞したのちに過去の行いを謝罪するため、誰かに連絡をとったという。

(recommend)

『13の理由』を観たあなたにオススメ!!

『アメリカを荒らす者たち』(2017〜18年) Ⓝ

テクノロジーにまみれた学園ミステリを楽しみたいならこのモキュメンタリー。高校に停められた自動車にペニスが描かれた事件の謎を追う調査は、SNS投稿群や生徒たちの人間関係を通して、情報社会に警鐘を鳴らす。

『ブレックファスト・クラブ』(1985年)

スクールカースト構造を確立した80年代アメリカ映画の金字塔は、ブライアン・ヨーキーのオールタイムベスト。『13の理由』と比べることで、時代の変化を探るのも良いだろう。

『ドニー・ダーコ』(2001年)

一度観ただけではわからない世界観、精神疾患を抱える高校生主人公、そしてジョイ・ディヴィジョンやエコー&ザ・バニーメンといったオルタナティヴな楽曲群……。『13の理由』と共通点の多いこの映画は、今なおカルト作品として語り継がれている。

Ⓝ: Netflixオリジナル作品

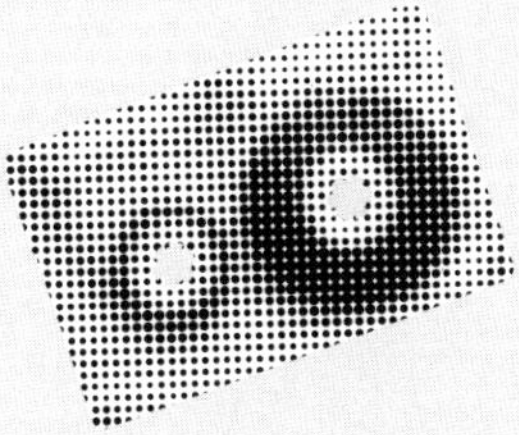

Stranger Things

ストレンジャー・シングス 未知の世界

姿を消した少年、人目を忍び行われる数々の実験、破壊的な超常現象、突然現れた少女。すべての不可解な謎を繋ぐのは、小さな町に隠された恐ろしい秘密。

出演：ウィノナ・ライダー、デヴィッド・ハーバー、フィン・ヴォルフハルト
原作・制作：ザ・ダファー・ブラザーズ
配信：2016年～

Netflixオリジナルシリーズ
『ストレンジャー・シングス 未知の世界』
シーズン1～2独占配信中

ポップカルチャーの新しいルール。またの名を『ストレンジャー・シングス』――ストレンジャー・シングス 未知の世界

宇野維正

2016年7月15日にシーズン1の配信がスタート。続いて、翌年の10月27日にはシーズン2も配信。現在のところふたつのシーズン、合わせて全17エピソードが公開されている『ストレンジャー・シングス 未知の世界』（以下、サブタイトルは省略。というか、この日本語サブタイトルを口にしている人にこれまでお目にかかったことがないのだが、こういう邦題って本当に必要なんだろうか？）は、現在のネットフリックスを代表する人気シリーズだ。これまでネットフリックスはアメリカ本国でも海外でもストリーミング回数を外部に発表しない方針を貫いているが、プロモーションの規模と継続性、吹替言語の多さ（シーズン2配信時にはネットフリックス最大の20言語の吹替バージョンが同時に公開された）などを鑑みても、少なくとも1エピソードあたりのストリーミング回数では、本作がネットフリックス・オリジナルシリーズのなかではナンバーワン作品であると考えて間違いないだろう（本作登場以前、そのポジションにあったのはおそらく『ハウス・オブ・カード（こち

らは最初からサブタイトルは省略)』だったはず)。

シーズン1が公開されてから2年半近くの年月が経った今、『ストレンジャー・シングス』がポップカルチャー全体に示してみせた「新しいルール」は、より一層鮮明になってきている。本稿では、そのルールを解き明かしながら、『ストレンジャー・シングス』がいかに重要な作品であったか、いや、現在進行形で重要な作品であるかをあらためて検証していきたい。

[ルール その1] テレビシリーズは映画の上位互換である

「ハリウッドの最前線で活躍している映画監督や役者が、次々とテレビシリーズに参入している」という認識はもう5年くらい前のもの。今や監督も役者もドラマシリーズで支持を集めたフレッシュな才能が、作品の質を維持するうえでも集客においても、映画界全体にとってますます重要視されるようになってきている。

『ストレンジャー・シングス』でマイクを演じたフィン・ヴォルフハルトは、『IT/イット〝それ〟が見えたら、終わり。』(2017年)のリッチー役に抜擢。便宜上「抜擢」という言葉を使ったが、テーマも作品のトーンも『ストレンジャー・シングス』に酷似している『IT』

を映画化する際にフィン・ヴォルフハルトを主要キャラクターのリッチーにキャスティングできたことは、同作の商業的リスクを大いに減らすこととなった。言うまでもなく、『ストレンジャー・シングス』は『IT』をはじめとするスティーヴン・キングの諸作品の強い影響下にある作品だが、そこでは「影響の逆流」とでも呼ぶべき現象が起こったわけだ。ご存知のように、『IT』は近年のホラー映画としては突出した世界的大ヒットを記録。その地ならしとして、『ストレンジャー・シングス』がジュブナイル・ホラーというジャンルの商業的ポテンシャルを底上げしていた事実も見過ごせない。

ファッションモデルとしても活躍しているイレブン役の英国人女優ミリー・ボビー・ブラウンは、レジェンダリー・ピクチャーズのモンスターバース・ユニバースの新作『ゴジラ キング・オブ・モンスターズ』（2019年）とその続編『Godzilla vs. Kong』（原題、2020年予定）のヒロインに抜擢。2018年にブラウンはTIME誌の「世界で最も影響力のある100人」で最年少のひとりとして選ばれ、さらには史上最年少でユニセフ親善大使に就任するなど、現在のティーンを代表する世界的アイコンとなっている。

『ストレンジャー・シングス』の作品としての圧倒的なクオリティとその成功は、エンターテインメント界のヒエラルキーそのものをも破壊した。それを象徴するのが、シーズン2におけるアンドリュー・スタントンの参入だ。『トイ・ストーリー』シリーズ（1995～2019年）の原案と脚本を務め、『バグズ・ライフ』（1998年）、『ファインディング・ニモ』

インディーバンド、カルプルニアのボーカル&ギターとしても活動するマイク役のフィン・ヴォルフハルト。今や現代のファッション・アイコンとなったイレブン役のミリー・ボビー・ブラウン。『ストレンジャー・シングス』主要キャストの影響力はテレビ／映画界だけにとどまらない。

シリーズ（2003〜16年）、『ウォーリー』（2008年）などでは監督としても腕を奮ってきたピクサーの俊英スタントンは、作品のショーランナーでもなく、脚本にタッチしているわけでもないのに、『ストレンジャー・シングス』の製作陣にみずからアプローチしてシーズン2の中盤のふたつのエピソードを演出することに。大作主義に侵されて鈍重になった映画界から抜け出して刺激的な制作環境を求めるそのフットワークの軽さと嗅覚は、さすがハリウッド・エンターテインメントの中枢でクリエイティブを牽引してきた才能ならではと言えるだろう。

そして、何よりも重要なのは、『ストレンジャー・シングス』の原案を手がけ、ショーン・レヴィとともにショーランナーと主要エピソードの演出を務めている双子の兄弟監督、ザ・ダファー・ブラザーズの存在だ。2015年に初の長編映画となったホラーテイストのスリラー作品『Hidden』（原題）を監督した後、『ストレンジャー・シングス』の企画をハリウッドの各メジャースタジオに持ち込んだものの、門前払い&たらい回し状態だったというマット・ダファーとロス・ダファーは、今では長編映画を撮ることをキャリアプランから排除していると語っている。自分たちのやりたいことはテレビシリーズですべて可能だし、むしろテレビシリーズのほうがクリエイティブやストーリーテリングにおける自由がある。「テレビシリーズから映画界への進出」という、旧来のサクセスストーリーそのものの否定。ハリウッドは、同時代のもっとも優れたクリエイターから「見限られた」のだ。

【ルール その2】 ホラーが再びメインストリームに

1975年にスティーヴン・スピルバーグの『ジョーズ』が記録を塗り替えるまで、歴代世界興収1位に君臨していた作品はウィリアム・フリードキンの『エクソシスト』（1973年）だった。そもそもその『ジョーズ』自体も当時はホラー映画的な文脈でムーブメントを巻き起こした作品だったが、リチャード・ドナーの『オーメン』（1976年）、ブライアン・デ・パルマの『キャリー』（1976年）、ダリオ・アルジェントの『サスペリア』（1977年）、ジョージ・A・ロメロの『ゾンビ』（1978年）、ジョン・カーペンターの『ハロウィン』（1978年）、そしてスタンリー・キューブリックの『シャイニング』（1980年）と、その後も毎年のようにエポックメイキングなホラー映画が公開されて、世界各国で大ヒットを記録。ロマン・ポランスキーの『ローズマリーの赤ちゃん』が公開された1968年あたりから1980年代前半まで、ホラー映画は娯楽映画のサブジャンルから、大きなマネーメイキングの可能性を秘めた映画のメインストリームへと着実に発展していた。

言うまでもなく、映画本来の見世物小屋的な特性と切っても切れない関係にある怪奇映画の歴史は、それ以前から途切れなく続いていたわけだが、80年代初期にはメインストリーム・カルチャーのなかでの怪奇映画や怪奇テレビシリーズのリバイバルという注目すべき動きもあった。怪奇映画の名優ヴィンセント・プライスも参加したジョン・ランディス監督によるマイケル・ジャクソンのミュージックビデオ『スリラー』（1983年）。ランディス、スピルバーグ、ジョー・ダンテ、ジョージ・ミラーが参加したオムニバス映画『トワイライトゾーン／超次元の体験』（1983年）。ロメロがキング（脚本）とともに作ったオムニバス映画『クリープショー』（1982年）。そのスピリットは、のちにジェイソン・ブラムが設立したブラムハウス・プロダクション作品（2000年〜）の一部などに引き継がれていくことになるが、当時は継続的なムーブメントまでには至らなかった。

『ストレンジャー・シングス』シーズン1エピソード1の期日、つまり主人公のウィルが失踪するのは1983年11月6日。ホラー映画に近年まで続いてきた「マニアック」だとか「B級」だとかのイメージが定着するようになったのも、ちょうどそのころだった。理由は大きく3つ。ひとつは、先に挙げたような監督たちの名匠化や巨匠化、あるいは単純に関心の領域が移ったことで、その多くがホラーのジャンルからみずから離れていったこと。ふたつめは、それ以前にも『エクソシスト2』『エクソシスト3』（それぞれ1977年、1990年）といった前例はあったものの、1981年の『ブギーマン』（ハロウィンⅡ）と『13日の金曜日 PART2』が発端となって、ホラー映画が「続編が粗製乱造されるジャンル」になっていったこと。そして、3つめはふたつめのこととも大きく関係しているのだが、世界中でレンタルビデオショップが展開するようになって、そこでホラー映画のコーナーが集客やレンタル回転率において重要な役割を果たすようになったことだ。ホラーのコーナーの棚を埋めるために発掘されていった、世界各国で過去に作られてきたB級〜Z級ホラー。低予算でとりあえず作られる新作のシリーズものやイタリア資本の入ったマカロニウェスタンならぬマカロニホラー作品（言わばホラー映画のVシネ化）。特に90年代以降、クエンティン・タランティーノのようなレンタルビデオ店のバイト出身の映画作家の台頭、また日本では「映画秘宝」文化圏の成立などもあって、レンタルビデオ文化を背景とするB級映画の氾濫は擁護の対象、さらには称揚の対象にされることさえあったが、ことホラー映画に関して言うなら、スプラッターという大義名分の裏で進行したコメディ化、セルフパロディに次ぐセルフパロディ、ジェイソンやフレディに代表されるキャラのネタ化などによって、ホラー映画全体に質的低下と緊張感の欠如、つまりはジャンルとしての退廃をもたらしたことは指摘しておくべきだろう（そのなかで孤軍奮闘、シリアスな設定のなかで恐怖描写に磨きをかけていたJホラーが、00年代以降、世界中のホラー映画に影響を与えることになったのも必然だった）。

『ストレンジャー・シングス』を語るうえで重要なのは、スピルバーグとキングというその二大ルーツが示すように、これが「B級」ホラーではなく、あくまでも1983年ごろまでのメインストリームのホラー作品やSF作品の歴史とダイレクトに連結する試みであったことだ。スピルバーグの『E.T.』（1982年）やドナーの『グーニーズ』（1985年）との近似性も、そうした補助線を引けばクリアに理解できるのではないだろうか。また、『ストレンジャー・シングス』については80年代ポップ・カルチャー全体からの夥しい参照や引用が話題にされてきたが、それらはあくまでもネタ元であって、軸となるストーリーに直接的な影響を与えていないことにも着目すべきだろう（そこが、「影響の逆流」のもうひとつの例証ともいえる、スピルバーグの『レディ・プレイヤー1』（2018年）とは違うところだ）。数々の参照元を持つ『ストレンジャー・シングス』は、それでもひとつの独立したシリーズとして、まるで1983年に作られた作品のようにシリアスなホラーやSFのトーン&マナーに貫かれている。そもそもネットフリックスは、レンタルビデオビジネスの発展形として、ネットを介したレンタルDVDの宅配サービスから始まった企業。いわば、すでに衰退しつつあったレンタルビデオ・ビジネスを宅配サービスと、その後のストリーミング・サービスで「二度殺した」ことになるわけだが、そのネットフリックスの現在を代表する作品が、レンタルビデオ文化が普及する直前の80年代前半のアメリカの田舎町を舞台にした『ストレンジャー・シングス』であることは、偶然だとしても感慨深いものがある。

『サスペリア』が政治的アートフィルムとして蘇り、『ハロウィン』が本来のシリアスさを取り戻してリブートされて大ヒットを記録した2018年。ホラーは再びメインストリームのカルチャーとして完全復活を果たした。ジェームズ・ワンが指揮する『死霊館』ユニバースの勃興、『パラノーマル・アクティビティ』（2007年）に端を発するブラムハウス・プロダクションの攻勢、A24（映画配給・製作会社）を中心とするポスト・ホラーへの試み、『ウォーキング・デッド』（2010年〜）やライアン・マーフィーのテレビシリーズ『アメリカン・ホラー・ストーリー』（2011年〜）への継続的な支持。もちろん、ホラー映画が完全復活した背景にはそうした同時多発的なジャンルへの真摯な取り組みもあったわけだが、そのなかでも『ストレンジャー・シングス』は世界的にもっとも幅広い層への影響力を放ち、また今後（シーズン3以降）もトレンドセッターとしての役割を担っていくことだろう。

［ルール その3］ 拡散せよ拡散せよ拡散せよ

ほかの人気ドラマシリーズと『ストレンジャー・シングス』の最大の違い。それは、作品の拡散力だ。その要因にはふたつのベクトルがある。ひとつは、作品の内側に向いたベクトル。つまり、先にも触れたような、作品のなかに仕込まれた広範囲に及ぶポップカルチャーからの引用だ。人々は『ストレンジャー・シングス』を語る際に、ネタバレに繋がるストーリーやテーマについて語るよりも、作中で流れるクラッシュやスミスやキュアーやニュー・オーダーやディーヴォやサイケデリック・ファーズやポリスの曲について、登場人物が興じるボードゲームやアーケードゲームについて（そこでは自宅のビデオゲームや携帯型ゲーム機以前の時代であることも強調されている）、登場人物のファッションや部屋に貼ってあるポスターについて語ることに夢中になった。もちろん、それらが語られるのはソーシャルメディアや世界各国のファンが独自に作ったファンサイト、つまりネットのなか。そうしたテレビシリーズ特有のネット上での強固なファンダム形成は『ブレイキング・バッド』(2008~13年)や『ゲーム・オブ・スローンズ』(2011年~)などでもお馴染みのものだが、人々がもっとも語りたがる時代(80年代)のもっとも語りたがるテーマ(ポップカチャー)に焦点の定まった『ストレンジャー・シングス』は、ほかの作品とは比較にならないほどの拡散力を備えていた。

もうひとつは、作品の外側に向いたベクトル。思わせぶりな予告、ネットに置かれたミニゲームやロゴ・クリエイター、配信日とは関係なく定期的に行われる「ストレンジャー・シングス・デイ」などのキャンペーン、賞レースに合わせて制作された独自コンテンツや番組とのコラボレーション。ソーシャルメディア上のプロモーションを『ストレンジャー・シングス』ほど巧みにやってのけた作品は、テレビシリーズに限らず映画を含めても後にも先にもないだろう。それは2016年7月15日のシーズン1配信日以前から顕著だったが(ちなみに自分もすっかりそのプロモーションに乗せられて、配信日初日から夢中で観始めたひとりだ)、作品の内容とソーシャルメディアの親和性の高さもあいまって、次から次へとマーケティング的な見地からも新しい試みが投入されていくこととなった。2017年に発表されたスマホ向けに開発されたゲームに続いて、シーズン3のタイミングではすべてのフォー

シーズン2。1984年のハロウィン。当時大流行していた『ゴースト・バスターズ』のコスチュームに変装する主要キャラクターの子どもたち。アイヴァン・ライトマンは『Cannibal Girls』（1973年）で、いち早くホラーのコメディ化を推し進めた監督のひとりであった。

マットでプレーすることが可能なビデオゲーム『Stranger Things 3: The Game』も発表される予定だ。

ただ、『ストレンジャー・シングス』の「外側へのベクトル」においてより注目すべきなのは、そうした製作者やネットフリックスの戦略や目論見を超えたところで生まれた影響力だ。『ストレンジャー・シングス』に真っ先に飛びついたのは、80年代リバイバルがすっかり定着していたファッション界だった。ファッション誌やファッション・サイトにはグッチをはじめとするハイブランドに身を包んだ出演者たちの有名フォトグラファーによるファッションフォトがあふれ、ルイ・ヴィトンはコレクションで正式に『ストレンジャー・シングス』とのコラボレーション・アイテムを発表。そうしたファッション界の熱狂を背景に、それまで無名の子役だった出演者たちは一躍セレブリティの仲間入りをすることに。そして、そんな少年少女たちの成長過程そのものが、まるでリアリティショーのような消費のされ方をしていくことにもなった(「あんなに小さくて可愛かった子がこんなに立派に!」といったように)。

一方で、そうした『ストレンジャー・シングス』現象は、バックラッシュと呼ぶしかないような、いくつかの不愉快な出来事を引き起こしてもいる。ひとつは、イレブン役のブラウンを襲った、フェイク情報をもとにしたネット上での誹謗中傷だ。2018年6月にブラウンは攻撃の対象となったみずからのツイッター・アカウントを削除。翌月、MTVムービー・

アワードでのビデオメッセージでネットでのいじめ廃絶を訴えた。前述したユニセフ親善大使への就任には、そのような背景があったのだ。

ブラウンを攻撃していた連中はおもに反同性愛主義者たち、つまりはアメリカのネトウヨだったが、ダファー兄弟は#MeTooやTime's Up運動に関連する動きのなかでの告発を受けている。2018年3月8日の国際女性デーにペイトン・ブラウンと名乗る女性の制作スタッフが、撮影現場でのダファー兄弟の言動にショックを受けたことで、シーズン3の撮影に参加しない旨をインスタグラムに投稿（投稿後、しばらくして削除）。この件に関して、スクリプト・スーパーバイザーとして『ストレンジャー・シングス』に参加していたロリ・グラボウスキも発言を裏づけるコメントを表明。それらの告発を受けて、ダファー兄弟は次のようなコメントを発表した。「わたしたちは『ストレンジャー・シングス』の現場で誰かが不快な思いをしたということに深く動揺しています。制作現場という強いストレスがかかる場所の性質のせいで神経がすり減っていたこと、それについては謝罪します。しかし、わたしたちは現場を間違って特徴づけないことが重要だと考えています。わたしたちは現場で、ジェンダーや志向、人種、宗教、またその他のことにかかわらず、誰に対しても公平に扱ったと強く信じています。わたしたちは、誰にとっても安全で、みなが協力し合って働く環境を提供するという責任を引き受けています」。また、ネットフリックスも「不正行為は一切見つからなかった」との調査結果を発表。#MeToo運動の際限のない広がりのなかでデート相手から告発を受けた『マスター・オブ・ゼロ』（２０１５年〜）のアジズ・アンサリに続いて「『ストレンジャー・シングス』までもか」と、作品のファンとしては正直身がすくむ思いだったが、シーズン３の制作は無事に進んでいる。

ところで、アメリカのハリウッドとフロリダ、シンガポール、そして日本の大阪と、世界に４ヶ所あるユニバーサル・スタジオだが、その日本以外の３つのユニバーサル・スタジオでは、２０１８年のハロウィン・シーズンに『ストレンジャー・シングス』をテーマにしたハロウィン・ホラー・ナイトが園内全体で大展開された。そのアトラクションの監修にはダファー兄弟とショーン・レヴィも深く関与していて、ライバル関係にあるＮＢＣユニバーサルとネットフリックスが初めてコラボレーションをしたプロジェクトとして業界的にも大きな話題となった。さてさて、日本のユニバーサル・スタジオで『ストレンジャー・シングス』プレゼンツのハロウィン・ホラー・ナイトが実現することはあるのだろうか？　え？「カジノの誘致や万博の準備でそれどころじゃない」？　そうですよね……（絶望）。

(recommend)

『ストレンジャー・シングス 未知の世界』を観たあなたにオススメ!!

『ザ・ホーンティング・オブ・ヒルハウス』(2018年〜) Ⓝ

時間芸術としての相性においても、音響をはじめとする視聴環境においても、本来ホラーはテレビシリーズよりも映画に向いている。『ストレンジャー・シングス』は他ジャンルと交配させることでその壁に挑んだが、本作はテレビシリーズの特性を最大限に活かした重層的な構成が秀逸。ショーランナーのマイク・フラナガンが全10エピソードすべての演出を手がけている。

『アナイアレイション —全滅領域—』(2018年) Ⓝ

ネットフリックスにはSF、スリラー、ホラーのジャンルにとても寛容な社風(?)がある。映画として製作された本作は、配給のパラマウントが改変を求めたところ、監督のアレックス・ガーランドとプロデューサーのスコット・ルーディンがそれを断固拒否。結果、アメリカと中国以外の国ではNetflixオリジナル作品として配信された。2018年を代表する傑作。

『ザ・リチュアル いけにえの儀式』(2018年) Ⓝ

『V/H/S シンドローム』『サウスバウンド』といったホラー・オムニバスに参加してきたデヴィッド・ブルックナー監督が、英国のホラー作家アダム・ネヴィルの原作を映画化。「大学時代の仲間とのハイキング」という日常が「現存する北欧神話的集落」という非日常に飲み込まれていく。本作も劇場公開された英国以外の配信権をNetflixが買い取った。

Ⓝ: Netflixオリジナル作品

Black Mirror

ブラック・ミラー

急速な進化を遂げたテクノロジーがもたらす歪みと人間の醜い業が交わるとき、そこに広がるのは世にも不思議で奇妙な世界……。オムニバスでつづるSFシリーズ。

出演：ジェシー・プレモンス、クリスティン・ミリオティ、ジミ・シンプソン
原作・制作：チャーリー・ブルッカー
放送・配信：2011年〜

Netflixオリジナルシリーズ
『ブラック・ミラー』
シーズン1〜4独占配信中

ポスト・ヒューマン時代のわたしたちを映し出す漆黒の鏡
——ブラック・ミラー

小林雅明

「中国政府は2014年に初めて『社会信用システム』を提案、市民の行動を監視し、ランク付けし、スコアが高い者に恩恵を、低い者に罰を与えると発表した。この制度のもとで、エリートはより恵まれた社会的特権を獲得し、ランクの底辺層は実質的に二流市民となる。この制度は2020年までに中国の人口14億人すべてに適用されることになっている……」

2018年5月の「ニューズウィーク」に始まり、いくつかの大媒体がこの話題を繰り返し取り上げている。2016年10月21日にネットフリックスで配信されて以来、世界各国で大きな話題を集めている『ブラック・ミラー』を観た人のなかには、これと似通った話をシーズン3第1話「ランク社会」で見た、と思わず呟いてしまうだろう。さらに、シーズン4の第5話「メタルヘッド」を観たことのある人なら、ソフトバンク傘下のボストン・ダイナミクスが2005年ごろから開発してきた各種ロボットの存在を知るなり、薄気味悪さをおぼえるかもしれない。

2011年12月4日に英国のチャンネル4で1話完結のテレビシリーズとして放映が始

まった『ブラック・ミラー』では、「現実がフィクションに限りなく近づいてきている」のか、それとも「フィクションが現実に基づいているだけ」なのだろうか。ちなみに、「社会信用システム」については、早くもその犠牲者が英米メディアに登場する一方、中国在住の中国人によるネット上の複数の書き込みによれば、自分たちはおろか国内の別の地方に住む親戚縁者に訊いても、そんな話は聞いたこともないという。それなら「フィクションが現実を言い当ててしまった」のか。

まともな主義主張も何もないくせに、選挙の立候補者に対して悪口を捲し立て、倫理的に問題のある言動(ただし大衆受けは良い)を取り続け、無責任に面白がられた結果、正式に候補者の仲間入りを果たした青いクマのアバターと、そのアバターの「中の人」(元々は売れないコメディアン)との引き裂かれた関係を描いた「時のクマ、ウォルドー」がシーズン2第3話としてチャンネル4で初放映されたのは2013年2月のことだった。この段階では芳しくなかったこのエピソードの評判が、2016年10月からのネットフリックスでの配信開始を境にひっくり返る。時はまさに米大統領選終盤。アバターのウォルドーは、ドナルド・トランプ的なるものの誕生を的確に予想していたのでは、という新評価を得たのである。おまけに、この選挙の最終結果が判明する前に、『ブラック・ミラー』の生みの親であり、現時点での最新作に至るほぼすべてのエピソードの脚本を手がけた現在47歳のショーランナー、チャーリー・ブルッカーは、ツイートでトランプの勝利を予想。番組のオフォシャル・アカウントは、選挙結果を受けて「これはエピソードではない。これはマーケティングではない。これは現実だ」とツイートをする。さらに、「時のクマ、ウォルドー」から1年近く後の2017年9月に発表されたiPhone Xのアニモジの図柄のタッチが、ウォルドーのそれにかなり近く、またもや現実を言い当ててしまう。

現実あるいは現実性と対比することで『ブラック・ミラー』は確かにアクセスしやすいものになる。だが、シーズン1の最終回となる第3話「人生の軌跡のすべて」で開巻間もなく主人公リアム（トビー・ケベル）以下登場人物の多くがマイクロチップを移植している事実を突きつけられたらどうだろう。脳の知覚領域とリンクしているこのチップは「グレイン」と呼ばれ、自分が見聞きしたものがすべて（主観ショット映像で）保管されるだけでなく、みずから消去しない限り、過去の見直したい時点にピンポイントで合わせ、そこから何度でも再生できる。再生は網膜に映して自分だけで観るモードと、自分の目をプロジェクター代わりにして壁面などに投影するモードがある。人は誰にでも他人に知られたくない過去（の記憶）があるものだ。それを「グレイン」から消去する踏ん切りがつかなかった妻とリアムとの「ある結婚の風景」（同名のイングマール・ベルイマン監督によるテレビシリーズは、本国スウェーデンでは歴史に残る高視聴率を記録）が描かれる。そうした通俗性に加え、ラストシーンは戯曲『オイディプス王』や映画『ロブスター』（2015年）のクライマックスをダブらせて見ることもできるような作劇上の強さを兼ね備えているため、「グレイン」の突飛さに振り回されることなく、すでに人間の機能を拡張した「人間」の悲劇として訴えかけてくる。

マイクロチップ移植済みの人間は、この後もパッと思いつくだけでも、2014年末にスペシャルとして放送された「ホワイト・クリスマス」、シーズン3第5話で、スタニスワフ・レムの『泰平ヨンの未来学会議』が思いおこされる「虫けら掃討作戦」、シーズン4では第2話「アークエンジェル」（監督ジョディ・フォスター）と第6話「ブラック・ミュージアム」と、それぞれが異なる状況下で生きている。しかも、「アークエンジェル」の幼児を除けば、どのケースも本人に許諾を取り、自由意思に基づいて移植が行われている（具体的に、その段取りさえ描写する）。それを印象づけるかのように「人生の軌跡のすべて」では物語のかなり早い段階で、「グレイン」の映像記憶を見せ合う仲間内のパーティーに、自分は「グレイン」を付けていないと断る女性を登場させたりもしている。『ブラック・ミラー』は、選択の物語であるとも言えそうだ。シーズン4第3話「クロコダイル」主演のアンドレア・ライズボロー（この作品のすぐ後に出演した傑作『マンディ 地獄のロード・ウォリアー』（2018年）では、なんの選択肢も与えられずあっさり焼殺されてしまう！）は自分の判断だけで最初から最後まで悲しくなるくらい間違った選択肢しか選ばない。そして、来たるべきシーズン5では、いよいよ視聴者の選択に応じて物語の展開が変わるインタラクティヴ版を採用するという話もある。

そこから考えるに、チャーリー・ブルッカーの関心は、テクノロジーを手にした人間の判断力や行動にあるだけで、最新のデジタルテクノロジーが導入された「デジタル全体主義」が敷かれた社会システムの脅威や、そういったシステムへの反逆などにはない。また、進化を続けるテクノロジーそのものを人間に対する「敵」や「悪者」として形式的に位置づけようともしない。その例外として前述の「メタルヘッド」を挙げる向きもあるだろう。だが、あそこで跋扈《ばっこ》する「ドッグ」に、スピルバーグの『激突!』（1971年）で執拗に後を尾けてくるあのタンクローリーを重ねて見られる余裕があれば、「メタルヘッド」もまた例外ではないことに気づくはずだ。

トランスヒューマニズム

人間の機能の拡張という点から見れば、スマホを常に手放さないことと、（近年ますます軽量・超小型化している）マイクロチップの移植は、ほとんど同じことなのではないだろうか。「科学技術を積極的に活用することで生物学的限界を超越しようとする思想および運動、そして哲学」は、トランスヒューマニズムと呼ばれている。その考え方では、移植なり手術なりによって、人間の生命を抑制してしまうのではなく、促進し、人間の機能を人間のまま

『ブラック・ミラー』が世界的な人気を集めるきっかけとなったシーズン3第1話「ランク社会」。

拡張することに主眼を置いている。そうなると、今度は「グレイン」みたいなものやＡＩ（人口知能）が人体に移植されトランスヒューマン化が整備されるのと、未来学者レイ・カーツワイルが提唱した、コンピュータ・テクノロジーが進化し続けた結果、ＡＩが人間の知能を超えて取ってかわるという「シンギュラリティ」（技術的特異点）とでは、どちらが先にやってくるのかも気になってくる。カーツワイルの著書『ポスト・ヒューマン誕生 コンピュータが人類の知性を超えるとき』を模した架空の書籍を主人公のバックパッカー青年が手にとる場面が出てくるシーズン3第2話「拡張現実ゲーム」では、そういった不安が映像化されているように思える。彼が臨むのは、ＡＩを備えた試作ＡＲゲーム（「拡張現実ゲーム」の象徴となった「ポケモンＧＯ」が世界各国で社会現象と化していた２０１６年にこのエピソードは発表された！）の治験バイトだ。彼がプレイするのは、各プレイヤーの記憶に刻み込まれた「恐怖」の具現化に対峙してゆくホラー・サバイバルゲームだ。そのなかでも特に何度観直しても気になるのは、劇中でのゲーム開始から結末までの36分少々（ただし、現実にはこの間はわずか4秒間！）の映像だ。それは、家を離れてからずっと彼の頭にこびりついたまま離れない根深い不安、彼自身が想像した治験の進行内容、そしてＡＩによるシミュレーション、その3層で構成されているのか。もちろん、どう観るかによって、結末の解釈も変わってくる。もしかしたら、このゲームそのものが「シンギュラリティ」に達していたのかもしれない。

こうして『ブラック・ミラー』は、ポスト・ヒューマンとも歩調を合わせながら、トランスヒューマニズムの究極の目標／課題である、老化や死の克服についても真正面から取り上げる。シーズン2では早くも第1話「ずっと側にいて」で「死後（アフターライフ）」に目を向けている。死んだ彼氏アッシュ（ドーナル・グリーソン）を忘れられないマーサ（ヘイリー・アトウェル）が友人から紹介されたのは、SNSのヘビーユーザーだった彼がネット上に残した多種多様なデータをAIに学習させ、まるで彼が生きているかのように電話で応対してくれるサービスだった。同様のサービスは、現実世界でもすでに始まっているという。そして、事態がややこしくなり、悲喜劇の様相さえ帯びてくるのは、蘇った彼の「意識」が「肉体」を伴って再生してからだ……。

そんな人間の「意識」だけをデジタルコピーしたものを小さなウィジットに入れて「クッキー」と呼ぶのは、2014年末初放映の「ホワイト・クリスマス」だ。このエピソード最大の懸案事項は、黙秘を続けている容疑者の口を割らせること。その苦肉の策としてひねり出されたのは、彼の「クッキー」に自供させ、言質を取るという迷案だった。その任にあたるのは、ジョン・ハム。2007年の放映開始以来、主演を務めてきた米国の超人気テレビシリーズ『マッドメン』（〜2015年）の撮影がクライマックスに近づいていたころ、彼はこんなところに出没していたのだった。そんな彼の巧妙な話術で、黙秘を続ける容疑者の「意識」のコピーであるところの「クッキー」が、容疑者本人の意に反していても自供すれば、本当に自供したことになるのだろうか。罰せられるべきなのは、容疑者本人ではなく、彼の「意識」のデジタルコピーである「クッキー」のほうなのか、果たして「クッキー」に人権があるのかという疑問が頭をもたげてくる。1994年に発表されたグレッグ・イーガンの小説『順列都市』の読者がそうであったように。もっとも、今時のSFファンなら、「意識」が「監獄」に閉じ込められ、ゲームのような新手の拷問を受けさせられる、ハンヌ・ライアニエミが2010年に発表した『量子怪盗』のほうを想起するだろう。このふたつの小説と『ブラック・ミラー』は、ポスト・ヒューマン的なガジェットの普段使いという点で共通しながら、時代設定の点では、前者が「遠未來」、後者が限りなく「現在」に近い「近未来」であるという大きな違いにも注目しておきたい。さらにもうひとつ付け加えておきたいのは、これら3作品とも、テッド・チャンの短編小説に見られる思弁的な面を兼ね備えているということだ。

ブルッカーは、奇想天外を旨としながらも、人間の「生と死」や「細やかな感情」を決して軽んじたりはしない。もしも「意識」だけを取り出せるのなら、それを生身の肉体ではない特別な場所に移し変えれば「永遠」に生き続けることができるはずだ。そんな特別な場所の名称を表題にしたのが、シーズン3第4話の「サン・ジュニペロ」だ。そこには、生きたまま遊びに来ている「意識」もあれば、肉体的に死んだ後の「意識」も相当数終わりのない余生を「生きている」。肉体が死ぬ前に「意識」を取り出し、サン・ジュニペロにアップロードしてしまえば「(デジタル)不老不死」が実現することになる。「テクノロジーがわれわれに新たな問題の大部分を引き起こす。ただし、それと引き換えに(良かれ悪しかれ)より多くのオプションや可能性をもたらしてくれる。それが正しかろうが誤りであろうが新たな選択肢を得るそのこと自体が、それまでわれわれが持っていなかった別のオプションなのだ」と、US版『WIRED』の初代編集長として知られ、『テクニウム』などの著書のあるケヴィン・ケリーは言っている。「サン・ジュニペロ」では「死」か「不死」かそのどちらかを選べる、眩暈のしそうな「究極の選択」が示される。ここでは、黒人でバイセクシュアルのケリーにとっての「死」は先立った家族との再会という「新たな生」を、一方の「不死」は家族との永遠の別れ=「死別」と引き換えにサン・ジェニペロで「本当の自分自身」として生きてゆくことを意味するのだ。

シミュレーテッド・リアリティ

ケリーが生きてゆくサン・ジュニペロのすべては、AIにより、真の現実と区別できないレベルにまで現実性がシミュレートされた「シミュレーテッド・リアリティ」であり、それは地上のサーバーを経由して作られた天国(ヘヴン・イズ・ア・プレイス・オン・アース！）とも言える。現実逃避の場としての「シミュレーテッド・リアリティ」は、すでに『新スタートレック』（1987〜1994年）において「ホロデッキ」として登場していた。エンタープライズ号のクルーのひとりにバークレー中尉がいる。内気でヘマばかり繰り返す彼が、自分の想像する世界を実現し、理想の自分として振舞えるようになる空間が、この「ホロデッキ」だった。『ブラック・ミラー』シーズン4第1話「宇宙船カリスター号」に登場するゲーム会社の最高技術責任者デイリー（ジェシー・プレモンス）の行動様式を通じて、バークレー中尉のそれを丁寧になぞりながら、心憎いやり方でアップデートしている。試しに『新スタートレック』第93話「謎の頭脳改革」を観たらよいだろう。ちなみに「宇宙船カリスター号」は、2018年のヒューゴー賞のベスト・ドラマティック・プレゼンテーション：ショートフォーム部門において、結果的に受賞は逃したものの、『スタートレック』の一《いち》エピソードとともに候補作品に選ばれている。

そんな「シミュレーテッド・リアリティ」について急進的な考え方を持つニック・ボストロムは「われわれもまたシミュレーションのなかで生きているのではないか」という言い方をしている。シーズン4第4話「HANG THE DJ」の視聴者の大半は、このエピソードがクライマックスを迎えるまで、デートアプリ「ザ・システム」による交際相手の選定や交際時間の指示に忠実に行動しているエイミー（ジョージーナ・キャンベル）とフランク（ジョー・コール）のふたりが、まさかシミュレーションのなかに生きているとは思わないだろう。そして、

シーズン4第4話「HANG THE DJ」のふたりのように「われわれもまたシミュレーションのなかで生きているのではないか」。

当のふたりもまたそう考えているに違いない。「シミュレーション内のシミュレートされた個体は、彼らがシミュレーションのなかにいると気づかないだろう。彼らは単に彼らが「実世界」であると思っている世界で日常生活を送っている」ともボストロムは言っている。それをふまえたうえで、ブルッカーは「HANG THE DJ」の最後の最後で、血の通った真実はシミュレーテッド・リアリティに生きている人たちのなかにこそあるのではないか、とでも言いたげな素振りをみせる。

リアリティテレビ

『ブラック・ミラー』をあらためて振り返ってみると、2011年のシーズン1第2話「1500万メリット」では、主人公のビング（ダニエル・カルーヤ）とアビー（ジェシカ・ブラウン・フィンドレイ）以下登場人物はすべてシミュレーションのなか、あるいはリアリティテレビのなかに生きていると見ることもできそうだ。ただし、このふたりは、「HANG THE DJ」のふたりのようなかたちではそこから逃げようとしない。ふたりの進む道を開いてくれるのは、いわば運命のいたずらだ。オーディション番組で審査員たちに自分の話を真剣に聞いてもらいたい一心で、みずからの首筋に大きなガラスの破片を突きつけながら話すビングは、

1976年の米映画『ネットワーク』で、来週に迫った出演最終回の放送中に銃で頭を撃ち抜く、と生本番中に不意に言い出す人気凋落中のニュース番組のアンカーマン役のピーター・フィンチを思い出させる。皮肉にも、この行動を機に局の一部の人間から再び担ぎ上げられた彼が翌日の放送で自身の本音をぶちまけると、再び視聴者に注目されることになる。ビングもまた番組で仕方なく行ったことが「迫真の演技」と評され、ひたすら真実を語るだけの番組を任せられる。しかし、そこでは「本当の真実」など彼以外誰も興味を持っていないのだ。ちなみに、このアンカーマン役によりフィンチはアカデミー賞を手にするが、ビング役のダニエル・カルーヤも、「1500万メリット」の演技がきっかけで主役の座を得た『ゲット・アウト』(2017年)で、このエピソードとはまた別次元で不条理に満ちた世界を生き抜き、アカデミー賞候補となる。この「1500万メリット」ではそのなかに『アメリカン・アイドル』(2002〜16年)を模した番組を入れ込んでいるのが興味深い。シミュレーションのなかでも、なおアイドルというシミュラクラの座を求めて素人たちが競い合うリアリティテレビが含まれているのだ。誰もがこの番組に夢中だ。自分たちがシミュレーションのなかにいる現実を知らない者たちだからこそ、すべて筋書きがあり、ヤラセなのでは、との疑念を差し挟むことなくリアリティ番組を楽しむことができるというのだろうか。

ブルッカーは元々、いわば「テレビ評論家」的な立場から頭角を現してきた人だ。2006年の3月から2008年12月まで1年に3回から6回の、その後は2016年まで年末に1回のペースで、彼自身が画面に登場し、具体的に映像を見せながら、さまざまな角度からテレビにまつわる事象について論じたり、最新番組評を語るBBC Fourのメディアウォッチ番組「Charlie Brooker's Screenwipe」に出演してきた。同時に、その間の2011年1月から3月まではBBC Twoで、彼自身がテーマ別にテレビにおける表現手法を分析、社会的影響などを考察してゆく全6回の「How TV Ruined Your Life」を発表している。さらには、『テラスハウス』に至るリアリティ番組のひとつの雛形として有名な『ビッグ・ブラザー』（英国では2001年に放映開始）で使用中の建物を借り、その外にはゾンビしかいないという設定の疑似リアリティ番組のかたちをとったホラー「Dead Set」も手がけている。

となれば、シーズン2第2話「シロクマ」などはむしろ彼の独壇場だ。主役の女性に自分のしたことを思い出させるためだけに、彼女以外の町中の人たちが総出で「芝居」を打つ本エピソードは、モブ・ジャスティス（民衆が法律を無視し、罪人制圧の大義名分により集団リンチを行うこと）を主題にした、最高に性質の悪いリアリティテレビ版『トゥルーマン・ショー』（1998年）を見せられているかのようだ。正義感だけで民衆はここまで団結できるのか。これについては、シーズン3第6話「殺意の追跡」で、それが正義感の仮面を付けたヘイトに過ぎない可能性があることを教えてくれる。その背景に「ハイヴ・マインド（各個体が個性をほぼ失っていながらも、共通する同じひとつの意識を持っていること）」が見える。このエピソードでは、SNS上で憎むべき人物の名前に#DeathToを付けて送信すると、このハッシュタグが付いている数の多い名前の人物から順に殺されてゆく。「ハイヴ」には、ミツバチの群れ、という意味があるが、殺しに使われるのは、受粉目的で開発されたミツバチ型の極小ドローンの群れだ。これが「マインド」を持つかのように、ハッシュタグ付きの人物に襲いかかる。#DeathToを付けて送信した匿名の人たちと、実際に人を殺すミツバチ型ドローンの群れが、どちらも「ハイヴ・マインド」であることで重なり繫がるヤバさ……。話を「シロクマ」に戻せば、こっちもヤバい。罪人とされている女性は直近の記憶だけを消される「拷問」を毎晩気絶するまで受けさせられているのだ。翌朝目覚めた瞬間には、数時間前の「拷問」の記憶も定かではない、いうなれば白紙の台本を毎朝渡されていることになる。そして、1秒先に何が起きるか少なくとも彼女には全くわからない。リアリティテレビには本来、台本などあってはいけないのだ。その意味においては、シーズン3第3話「秘密」もまたフィクションのかたちで、「誰も見たがらない」究極のリアリティテレビを作ろうと意図したのではないだろうか。

『ブラック・ミラー』の記念すべき第1話でありながら、「これからこのシリーズを観ようという人なら絶対最初に観てはいけないエピソード」として今や悪名高い「国歌」でも、すでにそういうフシはあった。民衆からの支持を失いたくない一心からなのか、人質救出のためなのか、モブ・ジャスティス的な突き上げも加わり、「辱め」を受ける英国首相のあられもない姿の生中継映像に焦点が絞られる。そんなリアリティテレビでもなんでもないリアルな映像を観るためだけに、街頭から人影は消え失せてしまう。そして、人々がどんな顔でこの映像を見つめているのか（あるいは顔を背けているのか）をこのエピソードでは何度も映し出す。ブルッカーによれば、ブラック・ミラーとは、電源を落とした直後の何も映っていない真っ暗なモニターを鏡に喩えたものだという。そのブラック・ミラーに電源を落とすまで映っていたのは、『ブラック・ミラー』だったのではないだろうか。そして、電源を落とした後にブラック・ミラーに写っているのは、それまで『ブラック・ミラー』を見つめていた自分にほかならない。

鏡に映る自分の姿に興味を抱き、鏡のなかの自分に喜びに満ちあふれた感情を示し、そこに映る自分に対して「わたしという主体」を意識するのは、かのラカンに言わせれば、生後6ヶ月から18ヶ月の子どもだ。ただし、鏡のなかの自分は正確には「本当のわたし」ではない。つまり、わたしでないものを「本当のわたし」に見立てて受け入れてしまう。そういった意味においては、この鏡と同じ動きを持っているのが『ブラック・ミラー』なのかもしれない。チャーリー・ブルッカーとしては、そこに映って見えたのは、ポスト・ヒューマンあるいはトランスヒューマンとしてのわたしだと意識させたいに違いない。たとえそれが、今の「本当のわたし」ではなくても。

※『ブラック・ミラー』は英テレビ局チャンネル4が2011年よりシーズン1と2を放送。シーズン3以降はネットフリックスが独占配信。日本では全シーズンをネットフリックスが独占配信している。

(recommend)

『ブラック・ミラー』を観たあなたにオススメ!!

『グッド・プレイス』(2016年～)Ⓝ

生前のありとあらゆる言動に付けられた点数を集計し、高得点を得た者だけが生活できる死後の世界「グッド・プレイス」を舞台にしたコメディ。それって「ランク社会」っぽくない?と思ったら、後者にも前者のショーランナーであるマイケル・シュアが、ラシーダ・ジョーンズとともに脚本作りに関わっていたという偶然の一致が……。

ベリンダ・カーライル「Heaven Is a Place on Earth」(1987年)

1987年のサン・ジュニペロの街に到着した車からうっすらと聞こえてきた時点では、時代を象徴する1曲として納得できたのみ。それが、エンドクレジット直前でカーステレオから再び聞こえてきたときには、もしや、今観終わったばかりの「サン・ジュニペロ」の筋書きって、この曲の歌詞をきれいになぞったのでは、と驚愕。

ハンヌ・ライアニエミ『量子怪盗』(早川書房)

「ブラック・ミュージアム」のヤバい館長が「ホワイト・クリスマス」のジョン・ハムを主役に、荒唐無稽さを10倍増にして書いた小説というか……意識を取り出したり、他人の脳内にアップロードしたり、自分の姿形を特定の相手から見えなくしてしまう「ブロック」等々、『ブラック・ミラー』のあれこれに馴染んでいる人ならもうコレは……。

Ⓝ:Netflixオリジナル作品

The OA

The OA

突然消息を絶って7年。再びその姿を現した女性には、驚きの能力が備わっていた。彼女が、5人の見知らぬ者たちと挑む謎のミッションとは……。

出演：ブリット・マーリング、ジェイソン・アイザックス、エモリー・コーエン
原作・制作：ブリット・マーリング、ザル・バトマングリ
配信：2016年

Netflix オリジナルシリーズ
『The OA』
独占配信中

死にゆく街のハイスクール・ライフと死後の世界がひとつになるとき――The OA

長谷川町蔵

21歳の誕生日の直前に失踪していたプレーリー・ジョンソン（ブリット・マーリング）が、7年ぶりに見つかり、保護された。孤児だった彼女を8歳のときに引き取って育てていたエーベルとナンシーのジョンソン夫婦は、大喜びで迎えに行くが、再会したプレーリーに驚愕する。

失踪前は盲目だったのに、目が見えるようになっていたのだ。しかし彼女はこれまでどこにいたのか、何をしていたのか、どうして目が見えるようになったかも一切語らない。この不思議な事件は「ミシガンの奇跡」として全米に報道された。

故郷のクレストウッドに帰ってきたプレーリーは、養父母やFBIの監視をかいくぐって、近所に住む高校生スティーヴ（パトリック・ギブソン）に、5人の仲間を集めてほしいと懇願。YouTubeに自身のメッセージをアップする。

真夜中。プレーリーの言葉に導かれて廃屋にやってきた5人を前に、彼女は語り始める。「目的地に行くにはみんなの力が必要なの。今から自分の話を始める。私は1987年にロシアで生まれた……」

ブリット・マーリング（主演、脚本）とザル・バトマングリ（監督、脚本）のクリエイター・コンビを、『ザ・イースト』（2014年）で知った映画ファンは、ふたりがネットフリックスで始めたドラマ『ＴｈｅＯＡ』の第1話を観て、さぞ困惑したことだろう。『ザ・イースト』には、マーリング扮する元ＦＢＩ捜査官が、過激な環境保護団体「イースト」への潜入捜査を行う明解なプロットを軸に、サスペンスやクライムドラマの要素が手際よく盛り込まれていた。だが『ＴｈｅＯＡ』にこうしたわかりやすさは皆無だ。ドラマの大半を形成しているのは、廃屋の2階の床に座り込んだ5人を前にプレーリーが夜毎語る、嘘か本当かわからない身の上話なのだから。いや、本当だとしたら相当にぶっ飛んでいる。

プレーリーの本名はニーナ・アザロフ。生まれたときは目が見えていた。鉱山を経営する新興財閥の総帥のひとり娘として、モスクワ郊外で恵まれた生活を送っていた彼女だったが、幼いころ乗っていたスクールバスの転落事故に巻き込まれてしまう。

スクールバスは鉄橋から冷たい湖中に転落し、運転手および乗客はニーナを除いて全員死亡。正確に言うとニーナも死んだ。しかし彼女は臨死体験中に女神カトゥーンと邂逅。視力を奪われることを代償に生還する。

この事故を新興財閥への政府の警告と読み取ったニーナの父は、彼女を米国に送り出した後で、自身も亡命を試みるものの、ロシア・マフィアに暗殺されてしまう。養子ビジネスを斡旋する叔母のもとで貧しい生活を強いられるようになったニーナは、そこにやってきた子どものいないジョンソン夫妻と出会い、ミシガン州クレストウッドで名前を変えて生きることになった。アメリカ人プレーリー・ジョンソンの誕生だ。だが交通事故の後遺症で悪夢にうなされる彼女は精神疾患が疑われ、プレーリーは13年間も薬漬けの日々を強いられてしまう。

それでも彼女の悪夢は収まらなかった。ある夜、水辺に立つ巨大な女神を幻視したプレーリーは、父からの待ち合わせ場所を知らせるメッセージと解釈して家出。ニューヨークの自由の女神像のもとへと向かう。父は現れず、失意のなか、彼女はグランド・セントラル・ステーションの構内でバイオリンを演奏する。やがて彼女の前に見知らぬ男（ジェイソン・アイザックソン）が現れ、プレーリーにこう語りかける。

「君は臨死体験をしたことがあるね？」

ここまで読んで、「バカバカしい」「支離滅裂」と感じたなら、無理して『The OA』は観なくていい。このドラマは、ここまでの文章を読んで「おーっ！」と興奮するような人だけに向けて作られている作品なのだ。

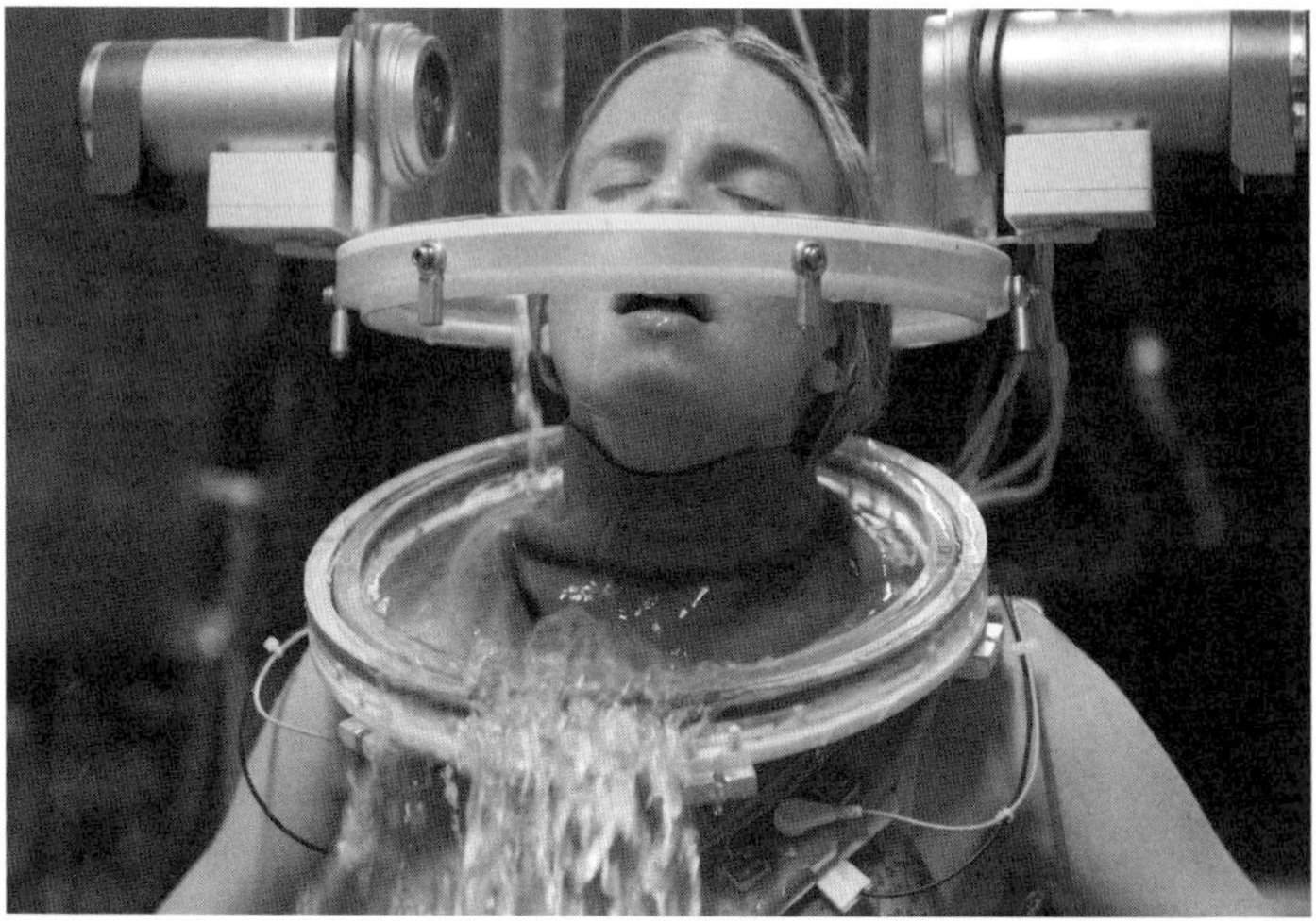

水による呼吸困難で臨死体験を強制されるプレーリー（ブリット・マーリング）。

臨死、並行世界、カルト教団、謎のムーヴ……
オカルトSFを愛するブリット・マーリング

プレーリーのぶっ飛んだ身の上話を続けよう。

ハップと名乗るその男は長年、死後の世界の実在を証明しようと研究を続けてきたという。彼は臨死体験者が生き返った後、人を惹きつける特殊な才能を獲得することを研究を通じて知っており、プレーリーのバイオリンの響きにそれを見いだしたのだ。

「君に精神安定剤なんか必要ない」「3人の臨死体験者と研究を行っている」

そう語りかけるハップに、自己肯定してもらったと感じたプレーリーは、彼の研究施設を見学することに同意する。

だが実際の臨死体験者たちはハップによって自由を奪われ、人里離れた廃鉱に作られた施設の地下牢に監禁されていた。プレーリーも囚われの身になってしまう。これ以降、彼女はほかの臨死体験者とともに強制的に何度も臨死状態を体験させられ、ハップにデータ採集される日々を送るようになった。

物語の悪役である、このハップの設定に違和感を抱く人は多いかもしれない。彼の野望は、世界征服でも世界転覆でもない。あの世を旅してみたいオカルトチックな妄想に取り憑かれているだけの男なのだから。だがブリット・マーリングの主演作をチェックすれば、彼女がこのハップと資質的に極めて近い人間であることがわかるはずだ。

ブリット・マーリングの存在を僕が知ったのは2012年のことだ。FOXサーチライトがリリースしているDVDのパブリシティ記事を映画雑誌から頼まれた際に担当者が「この映画はサンダンス映画祭で評判を呼んで、DVDスルーで発売予定だけど、もし観て気に入ったなら記事のなかで取り上げてほしい」と、あるDVDを送りつけてきたのだ。タイトルは『アナザー プラネット』（2011年）、主演はブリット・マーリングという無名の女優だった。

そのパブリシティ記事ですでに書くことが決まっていたのは、『ブラック・スワン』（2010年）、『ダージリン急行』（2007年）、『JUNO／ジュノ』（2007年）という錚々たるラインナップ。常識的に考えれば同列に取り上げられるわけがない。でも『アナザー プラネット』のあまりにも強烈なインパクトに打ちのめされて、出来上がった原稿ではまるでイチオシ作品のような扱いにしてしまった。

『アナザー プラネット』は、地球そっくりの惑星が地球上空に突如出現した日から始まる。17歳でマサチューセッツ工科大学への進学を許された天才天文少女ローダ（もちろんマーリングが演じている）は、運転中にその惑星に気を取られて対向車と正面衝突。相手の車に乗っていた女性と子どもを殺してしまう。4年後、刑期を終えた彼女は、事故の生存者である一家の父親に清掃サービスのスタッフを偽って接近。贖罪のチャンスを窺う。

そんなある日、惑星がパラレルワールドの地球であることが明らかになり、調査旅行者が公募されることになる。ローダは「もうひとつの地球には罪を犯していない自分が住んでいるのではないか」と考え、自身の体験をエッセイに書いて応募する。

もうひとつの地球とは、明らかに「あのとき、あんなことがなかったなら別の人生があったはず」というローダの想いのメタファーだ。そのため観客は予想する。「もうひとつの地球なんてものは実際にはなく、罪の意識にさいなまれるローダの生み出した幻影なのではないか」と。それを裏づけるかのように、公募に合格したローダのもとに届けられる宇宙旅行の案内書は、HISの海外旅行のそれよりもペナペナだ。ところが観客の予想は裏切られる。もうひとつの地球は幻影ではなく確かに実在し、物語は明後日の方向へと動き出し、驚きのラストシーンを迎えるのだ。

「ない」と思わせて本当にある。まるでM・ナイト・シャマランの『アンブレイカブル』（2001年）を彷彿とさせる〈アンチ・トリック〉なストーリーテリングに、僕はすっかりヤラれてしまった。そしてあのシャマランですら『アンブレイカブル』を撮るためにウェルメイドな『シックス・センス』（1999年）をメガヒットさせなければいけなかったのに、無名のくせにこんな作品を作るなんてと感心してしまった。

クレジットを見てさらに感心したのは、監督のマイク・ケイヒルと共同で主演のブリット・マーリング自身が脚本を手がけていたことだ。ふたりはジョージタウン大学の先輩後輩の関係で、マーリングはオーディションになかなか受からなかったので自分が主演するために本作の脚本を書いたという。でも普通、主人公がほぼ全編ジャージ姿のオカルトSF作品に、女優が進んで主演したいと思うだろうか。

この人、ガチでパラレルワールドに興味があるんだ。美人ではあるけど色気ゼロ。でも中性的というわけでもないルックスも相まって、すっかり彼女のファンになってしまった。

そんなとき、ブリット・マーリングのもうひとつの脚本兼主演作『Sound of My Voice』（2011年）が全米公開直前であると知った。監督はやはりジョージタウン大学時代からの仲間ザル・バトマングリ。ヴァンパイア・ウィークエンドのメンバー（当時）、ロスタム・バトマングリの兄でもあり、音楽はロスタムが手がけているらしい。ちょうどニューヨーク旅行を計画していたこともあり、これは現地で観るしかないと決意したのだった。

『Sound of My Voice』は、ダウンタウンの小さなアート系シアターで観た。作品の語り部は、ドキュメンタリー映画作家ピーターとローナのカップルだ。ふたりはロサンゼルスのアンダーグラウンドで活動する白装束のカルト教団に興味を抱き、潜入取材を試みる。

教祖は2054年の未来から現代に警告を発するためにタイムトラベルしてきたと主張する女性マギー（演じているのは当然マーリング）。ほかの信者たち（『クレイジー・リッチ！』（2018年）の主演女優コンスタンス・ウーの無名時代の姿も確認できる）と同様、カリスマ性あふれる彼女に惹きつけられながらも、ふたりはマギーの言動から、彼女が精神を病んでいる詐欺師だと確信する。ところがその決定的な証拠を掴んだとき、予期せぬ出来事が起きる。

プロットを読めばわかる通り、いまだに日本で上映もソフト化もされていないこの『Sound of My Voice』こそが『The OA』のプロトタイプだ。車座で座った人々を前に、寝間着のような服を着たマーリングが、延々と身の上話を聞かせるからだけではない。カルト教団の信者同士の挨拶に用いられる謎の〝ムーヴ〟が、物語において重要な鍵を握っているからだ。

野外音楽フェス、コーチュラの会場でマーリングたち出演者が観客に紛れてゲリラ・プロモーションとして行ったところ、運営側からガチのカルト教団と勘違いされた笑い話を持つこのムーヴが、『Sound of My Voice』のクライマックスでは大フィーチャーされる。その際の高揚感と言ったらない（ちなみに僕が書いた小説『あたしたちの未来はきっと』に登場する双子が行うムーヴはこれを頭に思い描きながら書いた）。

『Sound of My Voice』のムーヴは、プロのコレオグラファーを雇う資金がなかったので、バトマングリとマーリングが自分で考えたそうだが、これを「Chandelier」をはじめとするシーアのMVの振り付けで知られる名振付師ライアン・ハフィントンがバージョンアップさせたのが『The OA』のストーリーの鍵を握る謎のダンスである。

臨死体験中にプレーリーは、自分こそが「Original Angel（第一の天使）」であると知らされ、カトゥーンからムーヴの啓示を得る。

　彼女は元アメフト選手のホーマー（エモリー・コーエン）、美しい声を持つレイチェル（シャロン・ヴァン・エッテン）、HIVポジティブのスコット（ウィル・ブリル）、プレーリーの後に拉致されてきたギターの達人レナータ（パス・ベガ）からなる4人の監禁仲間と複雑なダンスを作り上げていく。それぞれが死後の世界から持ち帰ったムーヴを繋ぎ合わせて作ったダンスを、5人が一糸乱れず踊れれば異次元への扉が開き、自由な世界へと脱出できると確信したからだ。

　ところがレイチェルだけがなかなか啓示を受けず、彼らは何年も足踏みすることになる。ここから5つめのムーヴが発見され、プレーリーが解放されるまでの展開はスピーディーかつドラマチックだ。

　プレーリーがどうして廃屋に5人を集めたのかも、理由が明かされる。彼女は未だ監禁状態にある仲間を救うために異次元の扉を開くべく、5人にダンスさせようと考えた。

選ばれし5人

　やっぱりバカバカしいと思った？　なら、『The OA』は観なくていい。でも底が抜けまくったこの物語の裏側には現実的なトピックがぴったりと張り付いている。YouTube

を偶然見て集まっただけだと考えている5人に対して、プレーリーは「あなたたちは選ばれた」と主張する。事実、彼らは同じ高校に通い、それぞれ問題を抱えている。

最初にプレーリーと知り合うスティーヴは劣等生。自分の怒りを制御できずにいる彼は、自身が引き起こした暴力沙汰が原因で軍関係の矯正施設に行くことがすでに決まっている。

アルフォンソ（ブランドン・ペレア）は大学から奨学金を獲得するほどの優等生だが、実家はメキシコ系の貧しい母子家庭。生活費のためにアルバイトとドラッグ・ディールに明け暮れている。

小柄なジェシー（ブレンダン・マイヤー）の家には父どころか母もいない。姉とふたり暮らしの彼は、未来の可能性なんかとうに諦めた怠惰な毎日を送っている。

トランスジェンダーのバック（イアン・アレクサンダー）は父親から未だに娘扱いをされている。

残るブロデリックは唯一教師の立場にある中年女性だが、双子の弟に死なれたことで喪失感を拭い去ることができずにいる。

本名ベティ・ブロデリック・アレンのため、高校生たちから奇しくも「BBA」と呼ばれている彼女を演じているのはフィリス・スミス。『ザ・オフィス』（2005〜13年）のようなコメディにおける演技で知られているが、本作に起用されたのはピクサー・アニメ『インサイド・ヘッド』（2015年）で「カナシミ」の声（顔も似ている）を担当していたから。

またNFLでチアリーダーを務めたり、バーレスク・ダンサーだった過去の経験が本作終

プレーリーが地下牢で知り合うホーマー。演じるエモリー・コーエンは90年生まれ。『プレイス・ビヨンド・ザ・パインズ／宿命』（2012年）で注目された。

盤では十二分に活かされている。

そんな5人が暮らすクレストウッドという街自体が問題を抱えている。プレーリーが失踪する直前に大規模な住宅開発が行われるはずだったこのニュータウンは、2008年のリーマンショックが原因で、開発が頓挫して空き家が立ち並ぶゴーストタウンになっている。これをきっかけに多少なりとも金銭に余裕がある人間は街を去ってしまい、今も住んでいるのは貧しい者たちだけだ。クレストウッドの住民も、ハップの研究施設に囚われたホーマーたち同様、囚われの身なのだ。

そしてそもそもミシガン州自体が、アメリカにおける鉱業や自動車産業などの第二次産業の衰退によって臨死状態にある〝ラスト・ベルト〟の中心地である。ミシガン州の衰退と死のイメージが重ね合わされて描かれた映像作品は、『ヴァージン・スーサイズ』(1999年)をはじめ、『イット・フォローズ』(2014年)、『ドント・ブリーズ』(2016年)など数多い。『The OA』も同じくこのエリアを象徴的に描いた作品として観ることができるだろう。

このへんの描写には自身も中西部のイリノイ州出身で、ジョージタウン大学では経済学を学んでいたブリット・マーリングのバックグラウンドが窺える。彼女は一時期は証券大手ゴールドマン・サックスでインターンとして働き、正社員採用を打診されたそうだが、きっぱり辞退。その直後、マーリングは数ヶ月間フリーガン生活を送っていたらしい。

フリーガンとは、金銭を払わずにスーパーやレストランがゴミ箱に破棄した食材だけを食べるアンチ資本主義的なライフスタイルのことだ。マーリングは資本主義の最前線に触れるなかで、それでは世界を良くできないと感じたのかもしれない。

ちなみにこうした体験を彼女から聞いたのか、サンダンス映画祭の主催者であるロバート・レッドフォードは、1970年代の極左組織を題材にした監督兼主演作『ランナウェイ／逃亡者』（2012年）においてマーリングに重要な役を演じさせている。こうした経験や思索をフィードバックした作品が、前述の『ザ・イースト』だったわけだ。

同作でもメガホンを取ったザル・バトマングリは、引き続き『The OA』でもマーリングのヴィジョンをみごとに具現化している。

バトマングリは、『The OA』のリファレンスとしてジョナサン・デミ『羊たちの沈黙』（1991年）とロバート・ゼメキス『コンタクト』（1997年）というふたつのジョディ・フォスター主演作、ギレルモ・デル・トロの『パンズ・ラビリンス』（2006年）などを挙げている。もちろん数話の演出を任されたテレビシリーズ『ウェイワード・パインズ 出口のない街』（2015〜16年）のクリエイター、M・ナイト・シャマランからの影響もあるだろう。静謐で寒色系の映像は、登場人物の心象風景をみごとに表現していると思う。弟ロスタムのエレクトロニカ的なスコアとの相性も（当たり前だけど）最高だ。

一方、マーリングは、『The OA』で高校生活を描いたことについてインタビューで、テレビドラマ『アンジェラ15歳の日々』（1994〜95年）や『ミーン・ガールズ』（2004年）

からの影響を語っている。前者はティーンドラマで初めてアルコールやドラッグ問題を本格的に取り上げ、1シーズンで打ち切りになりながらクレア・デインズとジャレッド・レトのキャリアを切り開いたカルト作だ。

後者は、10代の娘を持つ親向けの子育てガイド本『女の子って、どうして傷つけあうの?』を、老舗お笑い番組『サタデー・ナイト・ライブ』（1975年〜）のライター兼出演者だったティナ・フェイが学園コメディとして再構築したもの。リンジー・ローハンの代表作であり、レイチェル・マクアダムスやアマンダ・セイフライド、リジー・キャプランといった人気女優の出世作としても知られている。

高校時代のティナ・フェイはあらゆる部活を掛け持ちしていたスーパー・ナードだったそうだが、インタビューによるとブリット・マーリングも学級委員と新聞部、演劇部を掛け持ちしていて、周囲から完全に浮き上がっていたそうだ。『The OA』の5人の扱いがイーヴンなのは、マーリングがいずれのグループにも属していないはみ出し者だったからかもしれない。

学校内では異なるグループに所属しているため、ロクに話すこともなかった5人は、プレーリーを媒介に深く理解し合い、それぞれが所属するグループでは話せなかったような個人的な悩みを告白し合い、連帯感を深めていく。だがジョン・ヒューズのマスターピース『ブレックファスト・クラブ』（1985年）を彷彿とさせるその連帯は、プレーリーが身の上話を話し終わったその夜に引き裂かれてしまう。彼女の語るストーリーの信ぴょう性がＦＢＩによって否定されたからだ。

涙を誘う驚天動地のラストシーン

プレーリーは確かにロシア生まれの元孤児で、盲目の状態から目が見えるようになった奇跡の経験者ではある。だが彼女が語るアザロフ財閥も監禁場所も、ミシガン州の特産でもある鉱業が絡んでいるのは単なる偶然なのだろうか。死の世界に住む女神カトゥーンはロシアの民族衣装を着ているが、プレーリーの母親は生まれてすぐ亡くなっている。彼女が愛していたと語る囚人仲間ホーマーの名は、古代ギリシアの詩人ホメーロスの英語読みだ。ホメーロスはギリシアの英雄が10年間の漂泊を強いられる『オデュッセイア』の原作者である。

誘拐犯に崇高な目的などなく、彼女は単にさらわれただけだった。すべては、精神安定剤が欠けた状態で肉体的、精神的な虐待を受け続けていた彼女が、自分自身を癒すために作り出した物語だったと考えるほうが遥かに筋が通っているのではないだろうか？

しかし第1シーズンの最終回、プレーリーが幻視していたヴィジョンは、アメリカの高校に蔓延しているスクール・シューティングとして現実化する。

そのとき5人は目配せを送り合って「今がダンスするときだ」と考える。はっきり言って、このシーンに理屈も何もあったもんじゃない。正直言って笑ってしまう人もいるかもしれない。僕も少し笑ってしまった。でも同時にその何百倍も感動した。だって、そのとき確かに死にゆく街のハイスクール・ライフと死後の世界は一体となり、異次元への扉が開かれるのだから。

(recommend)

『The OA』を観たあなたにオススメ！

『ストレンジャー・シングス 未知の世界』（2016年〜）Ⓝ

〈マッドサイエンティストに監禁されていた超能力ヒロインが主人公〉という意味では同系統とも言えなくない人気ドラマ。そんなこともあってか、アメリカ本国では『The OA』を真っ先に観たのも『ストレンジャー・シングス』のファンで、内容に怒ったのも彼らだった。わかってないなあ。ちなみに僕は両方とも大好きです。

『センス8』（2015〜18年）Ⓝ

SFに現実世界への抵抗を織り込んでいるという意味では同種の作品のはずなんだけど、このスケールの違いは何なんだろう。巨額の予算をつぎ込んで世界規模で展開された壮大な同作の世界観を、廃屋と地下牢だけで描き切ったのが『The OA』とも言えるわけだけど。

『アナザー・プラネット』（2011年）

本当は『The Sound of My Voice』のほうが重要なんだけど、日本で観ることが難しいのでブリット・マーリング初主演作であるこちらを。青空に地球を写し込むという原始的なCGを行うだけで、SF映画が作れてしまうことを実証した怪作。ラストシーンはいつ観ても震えます。

Ⓝ：Netflixオリジナル作品

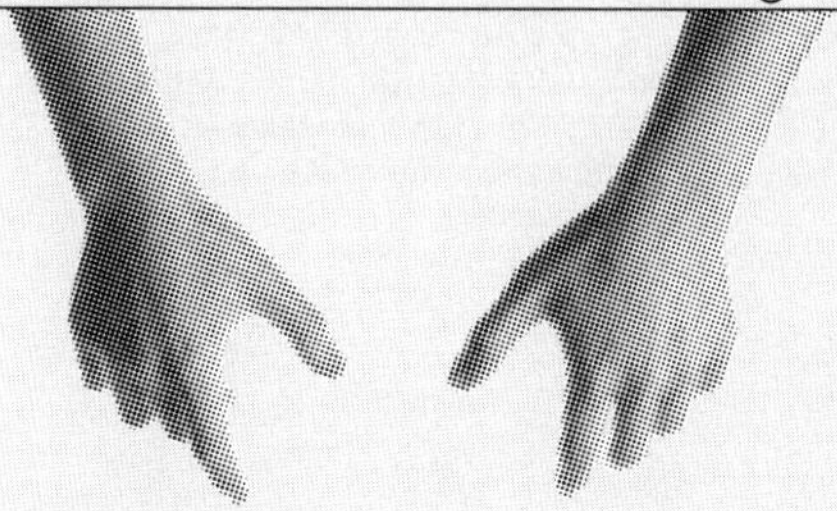

杏レラト（あんず・れらと）

映画ライター、黒人映画歴史家。雑誌「映画秘宝」を中心に執筆。著書に『ブラックムービー ガイド』（スモール出版）がある。90年代終りから、アメリカ合衆国と日本を行き来していたが、2012年からアメリカ南部在住。

辰巳JUNK（たつみ・じゃんく）

ライター。平成生まれ。セレブリティ、音楽、映画、ドラマを中心にアメリカのポップカルチャーについて執筆。「ELLE Japan」「CINRA」「FUZE」「GINZA」「Real Sound」「文春オンライン」などに寄稿。

宇野維正（うの・これまさ）

映画・音楽ジャーナリスト。著書に『1998年の宇多田ヒカル』『くるりのこと』（ともに新潮社）、『小沢健二の帰還』（岩波書店）、『日本代表とMr.Children』（ソル・メディア）など。

小林雅明（こばやし・まさあき）

文筆／翻訳。最近の書籍仕事⇒著書『ミックステープ文化論』（シンコーミュージック）、寄稿『INTO THE BLACK LODGE ツイン・ピークス読本』（河出書房新社）、訳書『ラップ・イヤー・ブック』（DU BOOKS）。Twitter: @asaskim。2018年TVシリーズ3傑 ⇒ #1.『The Little Drummer Girl』（BBC One）#2.『キリング・イヴ／Killing Eve』（BBC America）#3.『ザ・ホーンティング・オブ・ヒルハウス』（Netflix）

長谷川町蔵（はせがわ・まちぞう）

アメリカのポップカルチャー全般についての『ヤング・アダルトU.S.A.』（山崎まどかとの共著、DU BOOKS）、音楽についての『文化系のためのヒップホップ入門1&2』（大和田俊之との共著、アルテス・パブリッシング）、映画についての『21世紀アメリカの喜劇人』（スペースシャワーブックス）、映画音楽についての『サ・ン・ト・ランド サウンドトラックで観る映画』（洋泉社）、そして小説『あたしたちの未来はきっと』（TABA BOOKS）と色々やってる文筆家。

執筆者略歴

村山章（むらやま・あきら）

1971年生まれ。映像編集を経て映画ライターになり、雑誌、WEB、新聞、劇場パンフレットなどに映画評やインタビュー記事などを執筆。2016年にネット配信でしか観られない映画／ドラマのレビューサイト「ShortCuts」を有志で立ち上げ、代表を務める。2018年で10周年を迎えた奇祭「しりあがり寿presents 新春! さるハゲロックフェスティバル」では初回より幹事を務め、宴会パンクバンド「親戚」などで出演も続けている。

小杉俊介（こすぎ・しゅんすけ）

弁護士、ライター。
音楽雑誌の編集を経て弁護士に。現在、都内で共同事務所を経営。
「Real Sound」などで法律問題・映画・ドラマなどについて書いてます。

伊藤聡（いとう・そう）

海外文学批評、映画批評を行う。著書に『生きる技術は名作に学べ』（ソフトバンク新書）。2018年は、音楽記事とカレー記事、ふたつの新ジャンルに進出しました。

山崎まどか（やまさき・まどか）

コラムニスト。15歳のときに文筆家としてデビュー。主な著書に『優雅な読書が最高の復讐である』（DU BOOKS）、『オリーブ少女ライフ』（河出書房新社）。共著に『ヤング・アダルトU.S.A.』（DU BOOKS）、翻訳書に『愛を返品した男』（早川書房）、『ありがちな女じゃない』（河出書房新社）など。

常川拓也（つねかわ・たくや）

「i-D Japan」「キネマ旬報」「NOBODY」などでインタビューや作品評を執筆。『ドント・シンク・トワイス』も特集した上映企画「真摯な痛み」シリーズとその後継イベント「サム・フリークス」にもコラムを寄稿。

真魚八重子（まな・やえこや）

映画著述業。「映画秘宝」、朝日新聞映画欄、文春オンライン等で執筆。著書『映画系女子がゆく!』（青弓社）、『映画なしでは生きられない』『バッドエンドの誘惑』（ともに洋泉社）も発売中。

本書に掲載されたNetflixオリジナルシリーズ11作品の配信期間は、
本文中に断りのない限り日本でのサービス状況に準拠。
本書にはNetflixで配信されていない作品も掲載されています。
また配信状況は予告なしに変更されることがあります。

WRITER
(In Order of Appearance)

Narcos	AKIRA MURAYAMA
Better Call Saul	SHUNSUKE KOSUGI
Master of None	SO ITO
Gilmore Girls: A Year in the Life	MADOKA YAMASAKI
Love	TAKUYA TSUNEKAWA
BoJack Horseman	YAEKO MANA
Dear White People	AN$ LERATO
13 Reasons Why	JUNK TATSUMI
Stranger Things	KOREMASA UNO
Black Mirror	MASAAKI KOBAYASHI
The OA	MACHIZO HASEGAWA

Images Supplied by NETFLIX

Book Designer TAKASHI TSUKAHARA (trimdesign)
Printed and Bound by DAI NIPPON PRINTING CO., LTD.
Editor SHUNSUKE OZAWA (DU BOOKS)

Designed using an Adobe InDesign®

DNP 大日本印刷 trimdesign DU BOOKS

ISBN: 9784866470856
ISBN Agency

disk union

The publisher hopes the making and distribution of this book reaches as many Netflix fans as possible and leads to hundreds of thousands of binge hours.

ネットフリックス大解剖
Beyond Netflix

初版発行　2019年2月1日

編　ネット配信ドラマ研究所
執筆　村山章
小杉俊介
伊藤聡
山崎まどか
常川拓也
真魚八重子
杏レラト
辰巳JUNK
宇野維正
小林雅明
長谷川町蔵

ブックデザイン　塚原敬史（トリムデザイン）
制作　小澤俊亮（DU BOOKS）

発行者　広畑雅彦
発行元　DU BOOKS
発売元　株式会社ディスクユニオン
東京都千代田区九段南3-9-14
［編集］TEL.03.3511.9970　FAX.03.3511.9938
［営業］TEL.03.3511.2722　FAX.03.3511.9941
http://diskunion.net/dubooks/

印刷・製本　大日本印刷

ISBN978-4-86647-085-6
Printed in Japan